焼かないからカンタン！ 短時間で作れる！

焼かないケーキ

森崎繭香

はじめに

"お菓子作り"は時間がかかるし、準備や後片づけも大変…。
ちょっと気合いが必要ですよね。
いざ、記念日やお客さまが来る日に作ろうと思っても
久しぶりだと失敗しないか心配だったりもします。

この本は、お菓子作りでいちばん手間のかかる
"生地を作って焼く"という工程を省いた
「焼かないケーキ」ばかりをご紹介しています。

サクサクのタルトや、ふんわりしっとりなケーキも
市販のお菓子やパン、ナッツ類、チョコレートなどを
組み合わせて土台となる生地を作るので、とても手軽です。
オーブンやガスを使わずに作れるのも魅力です。

また、お菓子の型など、特別な道具がなくても
気軽に作っていただけるように、ご家庭にある
バットや保存瓶などを活用できるレシピを集めました。

生地を焼かない分、クリームを作ったり、フルーツを飾ったり
という工程を思う存分楽しめるのもうれしいところ。

この本をきっかけに"お菓子作り"がもっと身近で
楽しい時間になっていただけたらうれしいです。
みなさんのおやつ時間が、とびきり幸せな時間になりますように。

森崎繭香

Contents

はじめに ……………………… 2
焼かないケーキのおいしいメリット …… 6
焼かないケーキの基本 ……………… 7

Part.1
焼かないタルト

チョコバナナタルト ……………………… 14
ミックスベリータルト …………………… 16
レモンカスタードタルト ………………… 18
シトラスハニータルト …………………… 20
オレンジティータルト …………………… 22
いちごクリームタルト …………………… 24
パンプキンクリームタルト ……………… 26
キャラメルナッツタルト ………………… 28
パインとホワイトチョコのタルト ……… 29
レーズンバタークリームタルト ………… 30
キウイとバナナのココナッツタルト …… 32

Part.2
焼かないケーキ

いちごのショートケーキ ………………… 36
カフェモカケーキ ………………………… 38
ココナッツとマンゴーのケーキ ………… 40
モンブランケーキ ………………………… 42
チョコレートとダークチェリーのケーキ … 44
抹茶と甘納豆のケーキ …………………… 46
メロンの杏仁クリームケーキ …………… 47
ティラミス ………………………………… 48
ブドウのケーキ …………………………… 50
キウイとパインのチーズクリームケーキ … 52
紅茶クリームケーキ ……………………… 54
さつまいもと黒ごまのケーキ …………… 56
黒みつときなこの豆腐クリームケーキ … 58

Part.3
ひんやりスイーツ

オレンジのレアチーズケーキ	60
ラズベリーのカッテージチーズケーキ	62
白桃のヨーグルトケーキ	63
チョコレートムース	64
りんごのババロア	66
ミルクティーババロア	67
フルーツゼリー	68
コーヒーゼリー	70
黒ごまプリン	71
マンゴープリン	72
キウイミルクかん	74
水ようかん	75

Part.4
アイス＆シャーベット

バニラアイスクリーム	78
キャラメル＆抹茶あずきのアイス	80
アプリコットとマスカルポーネの アイスクリーム	82
パインのシャーベット ローズマリー風味	83
みかんのシャーベット	84
スイカのシャーベット	84
ブルーベリーヨーグルトアイスケーキ	86
かぼちゃのアイスケーキ	88
栗とチョコレートのアイスケーキ	90

本書の使い方

＊計量単位は大さじ1＝15㎖、小さじ1＝5㎖で、いずれもすり切りした分量としています。
＊電子レンジは600Wのもので加熱時間を表示しています。
＊バターは食塩不使用のもの、卵はＬサイズを使用しています。
＊本書で紹介しているレシピは、冷蔵庫や冷凍庫から取り出したらすぐに食べるようにしましょう。特に、気温が高い日はクリームやタルト台がすぐにやわらかくなってしまうため注意してください。

+Recipe

1	一口サイズのタルト	34
2	グラスデザートにアレンジ	76
3	重ねるだけのパフェ	92

Column

焼かないケーキの楽しみ方 …… 94

焼かないケーキの
おいしいメリット

オーブンも火も使わない

本書で紹介しているのは、すべて焼かずに作れるレシピ。だから、オーブンもガスコンロもグリルも、いっさい必要ないのです。

混ぜて冷やすだけでOK

タルトもケーキもすべて材料を混ぜてバットや保存瓶に入れて冷やすだけなので、初心者の方にも安心して作っていただけます。

調理時間がぐっと短縮

焼かないケーキは生地を焼いたりせず、混ぜて冷やすだけなので、通常のお菓子作りよりも調理時間が30〜40分短縮されます。

特別な道具は使わない

ケーキやタルトを作るときは専用の型を使ったりしますが、本書では普段料理で使っているバットやボウルなど、身近な道具で作れるレシピになっています。お菓子作りのために新たに買わなくても、すでに持っている道具で作ってみてください。

市販のパンやお菓子で作れる

本書ではケーキのスポンジ生地やタルト台を焼かない代わりに、市販のパンやカステラ、ビスケット、チョコレートなど、なじみのある材料を使います。これらを使えば、焼かなくてもスポンジ生地のしっとり感やタルト台のサクサク感を表現することができます。

親子で楽しめるお菓子作り

本書で紹介しているレシピは、オーブンや火をいっさい使わないので、お子さまと一緒に作るのもおすすめです。混ぜたり、詰めたり、トッピングしたりの作業は子どもにとっても楽しいもの。ぜひ、親子でお菓子作りを楽しんでみてください。

焼かないケーキの基本

"焼かないケーキ"を作り始める前に、
必要な道具や材料、おいしく作るためのポイントを押さえておきましょう。

焼かないケーキで使う容器

本書では主にバットと保存瓶を使っていますが、
同じものがなくても、ご家庭にある道具で作れます。

バット

本書では21×16.5×3cmのホーローバットを使用しています。同サイズのステンレス製のものでも作れます。

保存瓶

ふたがついて食材などが保存できるガラス製の瓶です。
本書では内容量250mlの保存瓶を使用しています。

こんな容器もおすすめ！

ボウル
ボウルはどのご家庭にもある身近な道具。耐熱性やステンレス製など、お手持ちのものでOK。

ケーキ型
スポンジケーキなどを焼くときに使う型ですが、焼かないケーキなら材料を混ぜて入れるだけでOK。

タルト型
タルト作りでよく使われる型。ケーキ型とともに、丸い形のケーキやタルトなどが作れます。

流し缶
寒天などを作るときに使う四角形の型も、焼かないケーキ作りにおすすめ。

グラス
ガラスのコップなどは1人分ずつ作るときに便利です。

お菓子作りで使う道具

お菓子作りで使う基本的な道具をご紹介します。
P.7の容器と一緒にあらかじめ準備しておきましょう。

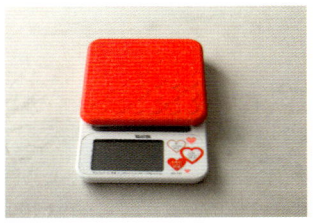

スケール
材料の重さをはかるときに使います。ボウルなどの重さを引いてはかれるデジタルタイプがおすすめ。

計量カップ
液体や粉類などをはかるときに使う道具。液体と粉類、それぞれのめもりがついたものは便利です。

計量スプーン
液体や粉類などの少ない分量をはかるときに使う道具で、大さじ1＝15ml、小さじ1＝5mlです。粉類は表面をすり切りしてはかります。

ボウル
耐熱性なら電子レンジで加熱するときも使えます。また、大・小のサイズ違いがあると便利です。

泡立て器
生クリームを泡立てたり、材料を混ぜたりするときに使います。

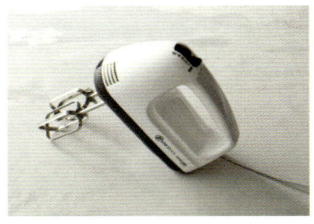

ハンドミキサー
生クリームを泡立てるときに使うと、泡立て器よりも早く混ぜることができます。

ゴムベラ
材料を混ぜたり、クリームを平らにならしたりするときに使うゴム製のヘラです。

麺棒
本書では、生地代わりの材料（P.9参照）を細かく砕いたりするときに使っています。

しぼり袋
クリームをしぼり出すときに使います。本書では丸い口金をつけたしぼり袋を使用しています。

焼かないケーキに必要な材料

本書で紹介しているレシピはオーブンや火を使わないため、
基本的に加熱しなくても食べられる材料を使います。
どれも市販されている身近な食材なので初めての方にもおすすめです。

生地の代わりに使う材料

a 全粒粉ビスケット
タルトの土台として使う材料。全粒粉でなくてもよいですが、メーカーによってバターや水分の量が違うため、使う際は注意しましょう。

b ココアビスケット
タルトの土台として使うココア味のビスケットです。

c パイ菓子
ビスケットと同様、タルトの土台として使います。

d フィンガービスケット
ケーキのスポンジ代わりに使う細長いタイプのビスケットです。

e 食パン
ケーキのスポンジ代わりとなる材料。他のパンに比べて厚さが薄いサンドイッチ用の食パンがおすすめです。

f カステラ
フィンガービスケットや食パンと同様、ケーキのスポンジ代わりに使います。

スポンジ生地
本書では使用していませんが、市販されているスポンジ生地を使っても、もちろんOK。

手作りのタルト台に使う材料

ナッツ類・フレークなど

アーモンドスライスやくるみ、ココナッツロングなどのナッツ類とコーンフレークは小麦粉の代わりとして使います。コーンフレークは玄米で作られたものだとヘルシーです。

チョコレート・ココナッツオイル

チョコレートとココナッツオイルは生地をしっかり固めるために必要な材料です。チョコレート（本書では板チョコと表記）はミルク、ビター、ホワイトの3種類を使っています。

生クリーム・メープルシロップ

生クリームはチョコレートを使う生地のときに、電子レンジでチョコを溶かしやすくするために使います。メープルシロップは甘味づけと水分代わりに生地に加えます。
※生クリームについてはP.12でも紹介しています。

手作りのタルト台の作り方

P.10で紹介した材料を使った
手作りのタルト台の基本的な作り方をご紹介します。

1

保存袋にナッツ類やフレークを入れ、麺棒でたたいて細かくします。

2

耐熱ボウルにチョコレートと生クリームを入れてふんわりラップをし、電子レンジで加熱してチョコレートを溶かします。

3

1を2に加え、全体がしっとりするまで混ぜ合わせます。

4

ラップを敷いたバットに入れ、全体に広げてバットの底と側面にギュッと押しつけて、冷蔵庫でしっかり冷やします。

焼かないタルト台を作るときのポイント

タルト台に使う材料や、バットに生地を詰めるときに
押さえておきたいポイントです。

バットに生地を敷き詰めるとき

タルト台の生地をバットに敷き詰めるとき、生地を全体に広げたら上からラップをかけ、マッシャーで押さえるときれいに敷き詰められます。しっかり押さえないとバットから取り出すときに生地がくずれやすいので注意しましょう。

手作りのタルト台の生地を使うとき

チョコレートやココナッツオイルを使ったタルト台の生地は、常温で10分ほど出しておくだけでやわらかくなってしまうので、食べる直前に冷蔵庫から出すようにします。特に夏など気温が高いときは気をつけましょう。

生クリームの泡立て方

本書では「六分立て」「七分立て」「八分立て」の3つの泡立て方が登場します。
それぞれの特徴を押さえておきましょう。

六分立て
泡立て器などですくったときにクリームが筋になって、とろとろと落ちるくらいのやわらかさが目安です。

七分立て
クリームをすくったときにとろりとゆっくり落ち、表面に少し積もるくらいが目安。ケーキなどに塗るときにおすすめの固さです。

八分立て
すくったときにクリームが落ちずに角が立つ（クリームの先端がピンと立つ）状態。クリームをしぼり出すときにおすすめです。

生クリームの扱い方

生クリームの種類や使うときに注意しておきたいことを
あらかじめ知っておきましょう。

動物性は泡立ちも早く、コクがあって◎
植物性は初心者の方におすすめ

本書では主に動物性の生クリームを使用しています。動物性は泡立つのが早いうえ、コクがあるのでおいしく仕上がりますが、泡立てた後すぐに固まる性質があるため、手早く作業を行う必要があります。植物性のものは泡立てるのに時間がかかりますが、泡立てた後もやわらかい状態なので比較的扱いやすいです。

チョコレートと合わせるときは乳脂肪分40％台のものを使う

チョコレートを使って作るときは、乳脂肪分40％台の生クリーム（写真上）を使いましょう。高脂肪でないと、チョコレートと合わせたときに固まりにくいからです。また、高脂肪の生クリームは泡立てるとすぐに固まるため、氷水に当てて冷やしながら混ぜましょう（写真下）。

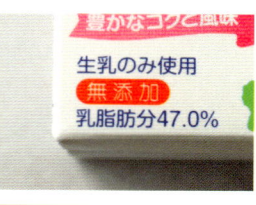

Part.1
焼かないタルト

オーブンを使わない簡単タルト。
ビスケットなど市販のお菓子や、ナッツなどを使えば、
焼かなくてもサクサクのタルト台に仕上がります。

チョコバナナタルト

ビスケットを生地として使ったお手軽タルト。
濃厚なチョコクリームとバナナの黄金コンビに
ピスタチオで食感をプラス。

Chocolate banana tart

材料（21×16.5×3cmのバット1枚分）

《タルト台》
全粒粉ビスケット …… 100g
バター（食塩不使用）…… 60g

《チョコレートクリーム》
板チョコ（ミルク）…… 80g
生クリーム（乳脂肪分40％以上のもの）
　…… 150㎖

《仕上げ》
バナナ …… 1本
チョコソース（市販、好みで）…… 適量
ピスタチオ（粗みじん切り、好みで）
　…… 適量
粉砂糖（好みで）…… 適量

下準備
＊バットにラップを敷いておく。

Recipe Memo

バナナは時間がたつと変色するので食べる直前にのせましょう。チョコソースを手作りする場合は、板チョコ（ミルク）100gを細かく砕き、牛乳大さじ3、生クリーム大さじ3とともに耐熱ボウルに入れて電子レンジで1分30秒ほど加熱し、チョコレートが完全に溶けるまで泡立て器でゆっくり混ぜます。

1 タルト台の生地を作る

保存袋に全粒粉ビスケットを入れ、麺棒でたたいて細かくする。バターは耐熱容器に入れてふんわりラップをし、電子レンジで50秒ほど加熱して溶かし、保存袋に入れて全体がしっとりするまで混ぜてなじませる。

2 生地を敷き詰める

ラップを敷いたバットに**1**を入れ、全体に広げて底と側面にギュッと押しつけるように敷き詰める。その後、冷蔵庫でしっかり冷やす。

3 チョコを溶かす

耐熱ボウルに細かく砕いた板チョコと生クリーム大さじ4（分量内）を入れ、電子レンジで1分30秒ほど加熱し、チョコレートが溶けたら泡立て器で混ぜる。

4 クリームを作る

残りの生クリームを**3**に少しずつ加えながら混ぜ、すべて入れたらボウルの底を氷水に当てながら泡立て、八分立てにする。

5 クリームを入れる

2に**4**のクリームをのせて平らにならし、冷蔵庫で30分ほど冷やしてなじませる。

6 仕上げる

バナナは5mm幅の輪切りにし、**5**に並べる。好みでチョコソースをかけ、ピスタチオを散らし、粉砂糖をふる。

ミックスベリータルト

3種類のベリーをたっぷりのせた上品で華やかなタルト。
ベリーの甘酸っぱさとカスタードクリームの甘さが絶妙にマッチ。

材料（21×16.5×3cmのバット1枚分）

《タルト台》
全粒粉ビスケット …… 100g
バター（食塩不使用）…… 60g

《カスタードクリーム》
卵黄 …… 1個
グラニュー糖 …… 大さじ2
コーンスターチ …… 大さじ1
牛乳 …… 100㎖
バニラエッセンス（好みで）…… 少々

《ホイップクリーム》
生クリーム …… 100㎖
グラニュー糖 …… 大さじ1/2

《仕上げ》
いちご …… 8個
ブルーベリー …… 16粒
ラズベリー …… 6粒
粉砂糖（好みで）…… 適量

下準備
＊バットにラップを敷いておく。

1. タルト台を作る。保存袋に全粒粉ビスケットを入れ、麺棒でたたいて細かくする。バターは耐熱容器に入れてふんわりラップをし、電子レンジで50秒ほど加熱して溶かし、保存袋に入れて全体がしっとりするまで混ぜてなじませる。

2. ラップを敷いたバットに**1**を入れ、全体に広げて底と側面にギュッと押しつけるように敷き詰める。その後、冷蔵庫でしっかり冷やす。

3. カスタードクリームを作る。大きめの耐熱ボウルに卵黄を入れてほぐし、グラニュー糖を加えて泡立て器ですり混ぜる。コーンスターチ、牛乳の順に加えて混ぜる。ラップをせずに電子レンジで1分30秒ほど加熱し、いったん取り出してすぐに泡立て器で混ぜたら、再び電子レンジで1分ほど加熱して混ぜる。

4. 好みでバニラエッセンスを**3**に加えて混ぜたら、表面にラップを密着させ、ボウルの底に氷水を当てて急冷する。

5. ホイップクリームを作る。別のボウルに生クリーム、グラニュー糖を入れ、ボウルの底を氷水に当てながら泡立て、八分立てにする。

6. **4**をやわらかくほぐし、**5**を2回に分けて加えて混ぜ、**2**にのせて平らにならす。

7. いちご、ブルーベリー、ラズベリーを**6**にのせ、冷蔵庫で30分ほど冷やしてなじませる。

8. 好みで粉砂糖をふる。

Recipe Memo

クリームを急冷させるとき、ラップの上に保冷剤をのせるとより早く冷やせます。

Lemon custard tart

レモンカスタードタルト

市販のパイ菓子がタルト台に変身。
レモンの皮と果汁を加えた、さわやかな風味のカスタードクリームとの相性も抜群。

材料（21×16.5×3cmのバット1枚分）

《タルト台》
パイ菓子（市販）……130g
バター（食塩不使用）……60g

《レモンカスタードクリーム》
卵黄……3個
グラニュー糖……大さじ6
コーンスターチ……大さじ2
牛乳……300㎖
レモンの表皮（すりおろし）
　　……1・1/2個分
レモンのしぼり汁……大さじ2

《仕上げ》
ピスタチオ（みじん切り、好みで）
　　……適量

下準備
＊バットにラップを敷いておく。

Recipe Memo

パイ菓子はビスケットに比べてバターがたっぷり使われているので、リッチな味わいのタルト台に仕上がります。また、ビスケットよりも甘味が強いので、レモンなど酸味のあるクリームによく合います。

1　タルト台を作る。保存袋にパイ菓子を入れ、麺棒でたたいて細かくする。バターは耐熱容器に入れてふんわりラップをし、電子レンジで50秒ほど加熱して溶かし、保存袋に入れて全体がしっとりするまで混ぜてなじませる。

2　ラップを敷いたバットに**1**を入れ、全体に広げて底と側面にギュッと押しつけるように敷き詰める。その後、冷蔵庫でしっかり冷やす。

3　レモンカスタードクリームを作る。大きめの耐熱ボウルに卵黄を入れてほぐし、グラニュー糖を加えて泡立て器ですり混ぜる。コーンスターチ、牛乳の順に加えて混ぜる。ラップをせずに電子レンジで4分ほど加熱し、いったん取り出してすぐに泡立て器で混ぜたら、再び電子レンジで3分ほど加熱して混ぜる。

4　**3**の表面にラップを密着させ、ボウルの底を氷水に当てて急冷する。

5　**4**をやわらかくほぐし、レモンの表皮、しぼり汁を加えて混ぜたら**2**にのせて平らにならす。好みでピスタチオを散らし、冷蔵庫で30分ほど冷やしてなじませる。

Citrus honey tart

シトラスハニータルト

ビスケットを使ったサクサクの生地に、甘味と酸味が融合したチーズクリーム。
2種類のグレープフルーツで彩りを添えて。

材料（21×16.5×3cmのバット1枚分）

《タルト台》
全粒粉ビスケット …… 100g
バター（食塩不使用）…… 60g

《ハニーチーズクリーム》
クリームチーズ …… 200g
はちみつ …… 50g
粉ゼラチン …… 2g
水 …… 大さじ1

《仕上げ》
グレープフルーツ（ホワイト）…… 1個
グレープフルーツ（ルビー）…… 1個
セルフィーユ（好みで）…… 適量

下準備
＊バットにラップを敷いておく。
＊粉ゼラチンは分量の水にふり入れ、ふやかしておく。

Recipe Memo
グレープフルーツは、酸味とほろ苦さのあるホワイトと、酸味ひかえめで甘味のあるルビーの2種類を使うことで見た目だけでなく、味の違いも楽しめます。

1 タルト台を作る。保存袋に全粒粉ビスケットを入れ、麺棒でたたいて細かくする。バターは耐熱容器に入れてふんわりラップをし、電子レンジで50秒ほど加熱して溶かし、保存袋に入れて全体がしっとりするまで混ぜてなじませる。

2 ラップを敷いたバットに**1**を入れ、全体に広げて底と側面にギュッと押しつけるように敷き詰める。その後、冷蔵庫でしっかり冷やす。

3 2種類のグレープフルーツはそれぞれ飾り用に房から取り出し、ペーパーで水気を拭き取る。残った薄皮をしぼり、2種類のしぼり汁を合わせて大さじ2杯分取る。

4 ハニーチーズクリームを作る。ボウルにクリームチーズを入れてやわらかく練り、はちみつ、**3**のしぼり汁の順に加え、その都度泡立て器でよく混ぜる。

5 ふやかしておいたゼラチンにふんわりラップをし、電子レンジで10秒ほど加熱して溶かし、**4**に加えてダマにならないように手早く混ぜる。

6 **2**に**5**のクリームを流し入れて平らにならす。**3**の飾り用のグレープフルーツをのせ、冷蔵庫で30分ほど冷やしてなじませる。

7 好みでセルフィーユを飾る。

Orange tea tart

オレンジティータルト

ミルクティー風味の香りよいクリームにフレッシュなオレンジをトッピング。
ビスケットで作る簡単タルト台でめしあがれ。

材料（21×16.5×3cmのバット1枚分）

《タルト台》
全粒粉ビスケット …… 100g
バター（食塩不使用）…… 60g

《紅茶クリーム》
A ┌ 紅茶の茶葉
　│　（ティーバッグ、アールグレイなど）
　│　…… 2個
　│ 水 …… 50ml
　│ 牛乳 …… 100ml
　│ グラニュー糖 …… 大さじ1
　└ コンデンスミルク …… 50g
粉ゼラチン …… 5g
水 …… 大さじ2

《仕上げ》
オレンジ …… 1個
セルフィーユ（好みで）…… 適量

下準備
＊バットにラップを敷いておく。
＊粉ゼラチンは分量の水にふり入れ、ふやかしておく。

1 タルト台を作る。保存袋に全粒粉ビスケットを入れ、麺棒でたたいて細かくする。バターは耐熱容器に入れてふんわりラップをし、電子レンジで50秒ほど加熱して溶かし、保存袋に入れて全体がしっとりするまで混ぜてなじませる。

2 ラップを敷いたバットに1を入れ、全体に広げて底と側面にギュッと押しつけるように敷き詰める。その後、冷蔵庫でしっかり冷やす。

3 オレンジは表面のオレンジ色部分の皮のみをすりおろし（**a**）、3mm厚さの輪切りにし、水気を拭き取る。

4 紅茶クリームを作る。大きめの耐熱ボウルにAを入れてふんわりラップをし、電子レンジで2分ほど加熱して粗熱をとる。濃いめのミルクティー液を作り、ティーバッグを取り出す。

5 4が熱いうちにふやかしておいたゼラチンを加えて混ぜる。完全に溶けたらボウルの底に氷水を当て、ときどき混ぜながらとろみがつくまで冷やす。

6 **2**に**5**のクリームを流し入れて平らにならし、**3**を並べ、冷蔵庫で30分ほど冷やしてなじませる。

7 好みでセルフィーユを飾る。

a

いちごクリームタルト

ほろ苦いビターチョコのタルト台と
甘酸っぱいいちごのクリームで大人な味わい。
タルト台は細かくした
くるみやフレークでクランキー風に。

Strawberry cream tart

材料（21×16.5×3cmのバット1枚分）

《タルト台》
A ┌ コーンフレーク …… 50g
　└ くるみ（ローストしたもの）…… 30g
板チョコ（ビター）…… 100g
生クリーム …… 大さじ2

《いちごクリーム》
いちご …… 1パック（正味250g）
グラニュー糖 …… 大さじ2
粉ゼラチン …… 5g
水 …… 大さじ2
生クリーム …… 70㎖

《仕上げ》
いちご …… 12個

下準備
＊バットにラップを敷いておく。
＊粉ゼラチンは分量の水にふり入れ、ふやかしておく。

Recipe Memo
6で生クリームを加えて撹拌するとき、混ぜすぎるとクリームが固くなってしまうので注意しましょう。

1 Aを細かく砕く

保存袋にAを入れ、麺棒でたたいて細かくする。

2 チョコを溶かす

耐熱ボウルに細かく砕いた板チョコ、生クリームを入れてふんわりラップをし、電子レンジで30秒ほど加熱し、混ぜて溶かす（溶け残りがあれば10秒ずつ様子を見ながら加熱する）。

3 タルト台の生地を作る

2に1を加え、全体がしっとりするまで混ぜる。

4 生地を敷き詰める

ラップを敷いたバットに3を入れ、全体に広げて底と側面にギュッと押しつけるように敷き詰める。その後、冷蔵庫でしっかり冷やす。

5 いちごクリームを作る

いちごはヘタを取り除き、グラニュー糖とともにミキサーにかけてなめらかにする。ふやかしておいたゼラチンにふんわりラップをし、電子レンジで10秒ほど加熱して溶かしたら加えてダマにならないように手早く撹拌する。

6 タルト台に入れて冷やす

さらに生クリームを5に加えてさっと撹拌し（混ぜすぎに注意）、均一に混ざったら4に流し入れて平らにならし、冷蔵庫で1～2時間冷やし固める。薄切りにしたいちごをのせる。

Pumpkin cream tart

パンプキンクリームタルト

かぼちゃを使ったクリームはほんのり甘くて素朴な味わい。
いちごクリームタルトのタルト台（P.24参照）をホワイトチョコでアレンジ。

材料（21×16.5×3cmのバット1枚分）

《タルト台》
A ┌ コーンフレーク …… 50g
　└ くるみ（ローストしたもの）…… 30g
板チョコ（ホワイト）…… 100g
生クリーム …… 大さじ1

《パンプキンクリーム》
かぼちゃ（皮とわたを取り除いたもの）
　…… 正味350g
はちみつ …… 30g
生クリーム …… 85ml

《仕上げ》
サワークリーム …… 50g
グラニュー糖 …… 小さじ1
パンプキンシード（好みで）…… 適量

下準備
＊バットにラップを敷いておく。

a

1. タルト台を作る。保存袋にAを入れ、麺棒でたたいて細かくする。

2. 耐熱ボウルに細かく砕いた板チョコ、生クリームを入れてふんわりラップをし、電子レンジで30秒ほど加熱し、混ぜて溶かす（溶け残りがあれば10秒ずつ様子を見ながら加熱する）。

3. 2に1を加え、全体がしっとりするまで混ぜる。

4. ラップを敷いたバットに3を入れ、全体に広げて底と側面にギュッと押しつけるように敷き詰める。その後、冷蔵庫でしっかり冷やす。

5. パンプキンクリームを作る。かぼちゃは一口大に切り、水にくぐらせて耐熱ボウルに入れてふんわりラップをし、電子レンジで6分ほど加熱する。ミキサーに入れ、はちみつ、生クリームを加えてなめらかになるまで撹拌する（固いようなら生クリームを足す）。

6. 4に5のクリームを流し入れ、スプーンの背などで表面に筋をつける。

7. ボウルにサワークリーム、グラニュー糖を入れてよく練り混ぜ、厚手のビニール袋に入れて袋の角をハサミで切り、6に線状にしぼり出す（**a**）。

8. 好みでパンプキンシードを散らし、冷蔵庫で30分ほど冷やしてなじませる。

Caramel nut tart

キャラメルナッツタルト

ココナッツオイルとナッツを使った、味も栄養も満点のタルト。
ほんのり香るラムの風味が上品な味わいに。

材料（21×16.5×3cmのバット1枚分）

《タルト台》
A ┌ アーモンドスライス
  │   （ローストしたもの）……120g
  │ ココナッツオイル……50g
  └ メープルシロップ……小さじ1

《キャラメルナッツ》
B ┌ レーズン……50g
  │ ラム酒……小さじ2
  └ メープルシロップ……大さじ2
ミックスナッツ（ローストしたもの）
　……100g

下準備
＊バットにラップを敷いておく。

1　タルト台を作る。保存袋にAを入れ、麺棒でたたいて細かくし、全体がしっとりするまで混ぜてなじませる（ココナッツオイルが固い場合は、電子レンジで10秒ほど加熱して溶かしてから加える）。

2　ラップを敷いたバットに1を入れ、全体に広げて底と側面にギュッと押しつけるように敷き詰める。その後、冷蔵庫でしっかり冷やす。

3　キャラメルナッツを作る。Bを合わせて10分ほど漬け込み、そのままミキサーに入れて撹拌する。なめらかになったらボウルに取り出し、ミックスナッツを加えてからめる。

4　2に3を流し入れて平らにならし、冷蔵庫で1～2時間冷やし固める。

Pine and white chocolate tart

パインとホワイトチョコのタルト

ホワイトチョコで作る濃厚なクリームに、大きめに切ったパイナップルを並べて。
ココナッツ風味のタルト台にもぴったり。

材料（21×16.5×3cmのバット1枚分）

《タルト台》

A ┌ アーモンドスライス
  │   （ローストしたもの）…… 120g
  │ ココナッツオイル …… 50g
  └ メープルシロップ …… 小さじ1

《ホワイトチョコクリーム》

板チョコ（ホワイト）…… 200g
生クリーム（乳脂肪分40%以上のもの）
　…… 100mℓ

《仕上げ》

パイナップル（缶詰、スライス）
　…… 4枚

下準備

＊バットにラップを敷いておく。

1　タルト台を作る。保存袋にAを入れ、麺棒でたたいて細かくし、全体がしっとりするまで混ぜてなじませる（ココナッツオイルが固い場合は、電子レンジで10秒ほど加熱して溶かしてから加える）。

2　ラップを敷いたバットに1を入れ、全体に広げて底と側面にギュッと押しつけるように敷き詰める。その後、冷蔵庫でしっかり冷やす。

3　パイナップルは水気を拭き取り、半分に切る。

4　ホワイトチョコクリームを作る。耐熱ボウルに細かく砕いた板チョコ、生クリームを入れてふんわりラップをし、電子レンジで2分ほど加熱する。ラップをしたまま1分ほど蒸らし、ゴムベラで混ぜてチョコレートを溶かす（溶け残りがあれば再び電子レンジで10秒ずつ様子を見ながら加熱する）。

5　4の粗熱がとれたら2に流し入れて平らにならし、3を並べ、冷蔵庫で1〜2時間冷やし固める。

Raisins butter cream tart

レーズンバタークリームタルト

バターの芳醇な香りとラム漬けしたレーズンが織りなす大人な味わいのクリーム。
サクサクの生地との食感の違いも楽しい一品。

材料（21×16.5×3cmのバット1枚分）
《タルト台》

A ┌ アーモンドスライス
  │   （ローストしたもの）…… 120g
  │ ココナッツオイル …… 50g
  └ メープルシロップ …… 小さじ1

《レーズンバタークリーム》
バター（食塩不使用）…… 100g
グラニュー糖 …… 50g
卵 …… 1個
レーズン …… 80g
ラム酒 …… 大さじ1

下準備
＊バットにラップを敷いておく。
＊レーズンはラム酒に漬け込んでおく。
＊バターと卵は室温に戻し、バターは表面を指先で軽く押さえたときに指の跡が残る程度のやわらかさにしておく。

Recipe Memo

卵やバターが冷たかったり、一度にたくさんの卵をクリームに加えて混ぜると分離してしまうので注意しましょう。

1 タルト台を作る。保存袋にAを入れ、麺棒でたたいて細かくし、全体がしっとりするまで混ぜてなじませる（ココナッツオイルが固い場合は、電子レンジで10秒ほど加熱して溶かしてから加える）。

2 ラップを敷いたバットに1を入れ、全体に広げて底と側面にギュッと押しつけるように敷き詰める。その後、冷蔵庫でしっかり冷やす。

3 レーズンバタークリームを作る。ボウルにバターを入れてやわらかく練り、グラニュー糖を加えて白っぽくなるまで泡立て器ですり混ぜる。

4 別のボウルに卵をよく溶きほぐし、3に4～5回に分けて加え、その都度泡立て器でなめらかに混ぜる。

5 ラム酒に漬け込んだレーズンを4に加えてゴムベラで混ぜ（**a**）、2に流し入れて平らにならし、冷蔵庫で1～2時間冷やし固める。

a

Kiwi and banana coconut tart

キウイとバナナのココナッツタルト

バナナをまるごと1本使ったまろやかな味わいのカスタードクリーム。
キウイをトッピングして味に軽やかさをプラス。

材料（21×16.5×3cmのバット1枚分）
《タルト台》
A ┌ ココナッツロング …… 70g
　├ アーモンドスライス
　│ （ローストしたもの）…… 30g
　├ ココナッツオイル …… 50g
　└ メープルシロップ …… 小さじ1

《バナナカスタードクリーム》
卵黄 …… 1個
グラニュー糖 …… 大さじ2
コーンスターチ …… 大さじ2
牛乳 …… 100ml
バナナ …… 1本（正味100g）
レモンのしぼり汁 …… 小さじ1

《仕上げ》
キウイフルーツ …… 1・1/2個

下準備
＊バットにラップを敷いておく。

1　タルト台を作る。保存袋にAを入れ、麺棒でたたいて細かくし、全体がしっとりするまで混ぜてなじませる（ココナッツオイルが固い場合は、電子レンジで10秒ほど加熱して溶かしてから加える）。

2　ラップを敷いたバットに1を入れ、全体に広げて底と側面にギュッと押しつけるように敷き詰める。その後、冷蔵庫でしっかり冷やす。

3　キウイフルーツは皮をむき、5mm厚さの半月切りにする。

4　バナナカスタードクリームを作る。大きめの耐熱ボウルに卵黄を入れてほぐし、グラニュー糖を加えて泡立て器ですり混ぜる。コーンスターチ、牛乳の順に加えて混ぜたらラップをせず、電子レンジで1分30秒ほど加熱し、いったん取り出してすぐに泡立て器で混ぜ、再び電子レンジで1分ほど加熱して混ぜる。

5　4の表面にラップを密着させ、ボウルの底を氷水に当てて急冷する。

6　別のボウルにバナナ、レモンのしぼり汁を入れてフォークでつぶす。

7　5をやわらかくほぐし、6を加えてなめらかに混ぜたら、2に流し入れて平らにならす。3を飾り、冷蔵庫で1～2時間冷やし固める。

Recipe Memo

フルーツにナパージュを塗るとツヤが出てよりおいしく見えたり、フルーツの乾燥や酸化、変色を防いでくれます。ナパージュは市販されていますが手作りすることもできます。手作りの場合は、耐熱ボウルに粉ゼラチン5g、グラニュー糖20g、水50mlを入れて電子レンジで10秒加熱し、よく混ぜてとろみがついたら完成。

一口サイズのタルト

Part.1で紹介したレシピを一口サイズの小さなタルトにアレンジ。
タルト台やクリーム、トッピングの組み合わせを変えればバリエーションも広がります。

A
ブルーベリーのタルト
「いちごクリームタルト」のタルト台（P.24参照）に、「ミックスベリータルト」のクリーム（P.16参照）をのせ、ブルーベリーをトッピング。

B
マンゴーのタルト
「キウイとバナナのココナッツタルト」のタルト台（P.32参照）に、「パインとホワイトチョコのタルト」のクリーム（P.29参照）をのせ、マンゴーをトッピング。

C
栗とかぼちゃのタルト
「キャラメルナッツタルト」のタルト台（P.28参照）に、「パンプキンクリームタルト」のクリーム（P.26参照）をのせ、栗の渋皮煮をトッピング。

D
いちごのタルト
全粒粉ビスケットに「チョコバナナタルト」のクリーム（P.14参照）をのせ、いちごをトッピング。

E
キャラメルナッツタルト
ココアビスケットにキャラメルナッツ（P.28参照）をトッピング。

小さなタルト台の作り方
Bのタルト台は小さめの丸い型をラップにのせ、型の中に生地を敷き詰めて抜きます（写真上）。AとCのタルト台は生地をラップで包んでカードなどを使って四角形にととのえます（写真下）。どちらもラップで包んで冷凍庫でしっかり冷やし固めましょう。

Part.2
焼かないケーキ

食パンやカステラ、フィンガービスケットを
スポンジ生地の代わりに使うケーキレシピ。
焼いた生地のようなしっとり感が楽しめます。

いちごのショートケーキ

スイーツの定番、ショートケーキ。
スポンジケーキの代わりに食パンを使えばオーブンいらずの一品に。
いちごとクリームを重ねるだけのシンプルさもうれしい。

Strawberry shortcake

材料（21×16.5×3cmのバット1枚分）
いちご …… 1パック（20〜25個）
食パン（サンドイッチ用）…… 5〜6枚
《シロップ》
ラズベリージャム …… 大さじ3
水 …… 大さじ2
《ホイップクリーム》
生クリーム …… 200mℓ
グラニュー糖 …… 大さじ1
《仕上げ》
粉砂糖（好みで）…… 適量

Recipe Memo

食パンはあらかじめシロップを塗ってしみ込ませておくと、冷やしてもパサつかず、しっとりとした仕上がりになって食べやすくなります。また、ジャムは水で溶いておくことでパンにしみ込みやすくなります。

1 いちごを切る

いちごは飾り用に8個取り置き、残りはサンド用にヘタを取り除いて薄切りにする。

2 シロップを作る

ボウルにラズベリージャム、分量の水を入れて混ぜ合わせる。

3 食パンを敷き詰める

食パンはバットに合わせて切り、半量をバットに敷き詰めて2の半量を塗る。

4 ホイップクリームを作る

ボウルに生クリーム、グラニュー糖を入れ、ボウルの底を氷水に当てながら泡立て、七分立てにする。

5 材料を重ねて入れる

3に4のクリームの1/3量をのせて広げ、サンド用のいちごを並べたら、再びクリームをひとすくいのせて広げる。残りの食パンを敷き詰めて軽く押さえ、同様に残りの2を塗り、クリームをのせて平らにならす。

6 仕上げる

クリームの表面にフォークで筋をつけて飾り用のいちごをのせ、冷蔵庫で1〜2時間冷やしてなじませる。好みで粉砂糖をふる。

Cafe mocha cake

カフェモカケーキ

クリームはコーヒーとココアでコクと深みをつけ、食パンはラム酒でアクセント。
くるみの香ばしさも合わさった絶品ケーキ。

材料（21×16.5×3cmのバット1枚分）
くるみ（ローストしたもの）…… 50g
食パン（サンドイッチ用）
　…… 5〜6枚
《シロップ》
A［水 …… 大さじ4
　グラニュー糖 …… 大さじ2］
好みのリキュール（ラム酒など）
　…… 小さじ2
《カフェモカクリーム》
ココアパウダー …… 小さじ1
顆粒インスタントコーヒー
　…… 小さじ2
生クリーム …… 200ml
グラニュー糖 …… 大さじ1・1/2
《仕上げ》
チョコソース（市販）…… 適量
チョコレート菓子（市販、好みで）
　…… 適量

1 くるみは半量を飾り用に取り置き、残りはサンド用に粗く刻む。

2 シロップを作る。耐熱容器にAを入れてふんわりラップをし、電子レンジで1分40秒ほど加熱する。粗熱がとれたら好みのリキュールを加えて混ぜる。

3 食パンはバットに合わせて切り、半量をバットに敷き詰めて**2**の半量を塗る。

4 カフェモカクリームを作る。小さめのボウルにココアパウダー、インスタントコーヒーを入れ、生クリーム大さじ2（分量内）を加えてふんわりラップをし、電子レンジで10秒ほど加熱して混ぜ、完全に溶かす。

5 別のボウルに残りの生クリーム、グラニュー糖を入れ、ボウルの底を氷水に当てながら泡立て、六分立てにする。**4**を加えてさらに混ぜ、七分立てにする。

6 **3**に**5**のクリームの1/3量をのせて広げ、サンド用のくるみを散らし、再びクリームをひとすくいのせて広げる。残りの食パンを敷き詰めて軽く押さえ、同様に残りの**2**を塗り、クリームをのせてスプーンの背などで表面に筋をつける。

7 飾り用のくるみをのせてチョコソースをかけ、好みでチョコレート菓子をトッピングし、冷蔵庫で1〜2時間冷やしてなじませる。

Recipe Memo
生クリームを六分立てにしたところで**4**のクリームを加えれば、クリーム同士が混ざりやすくなります。

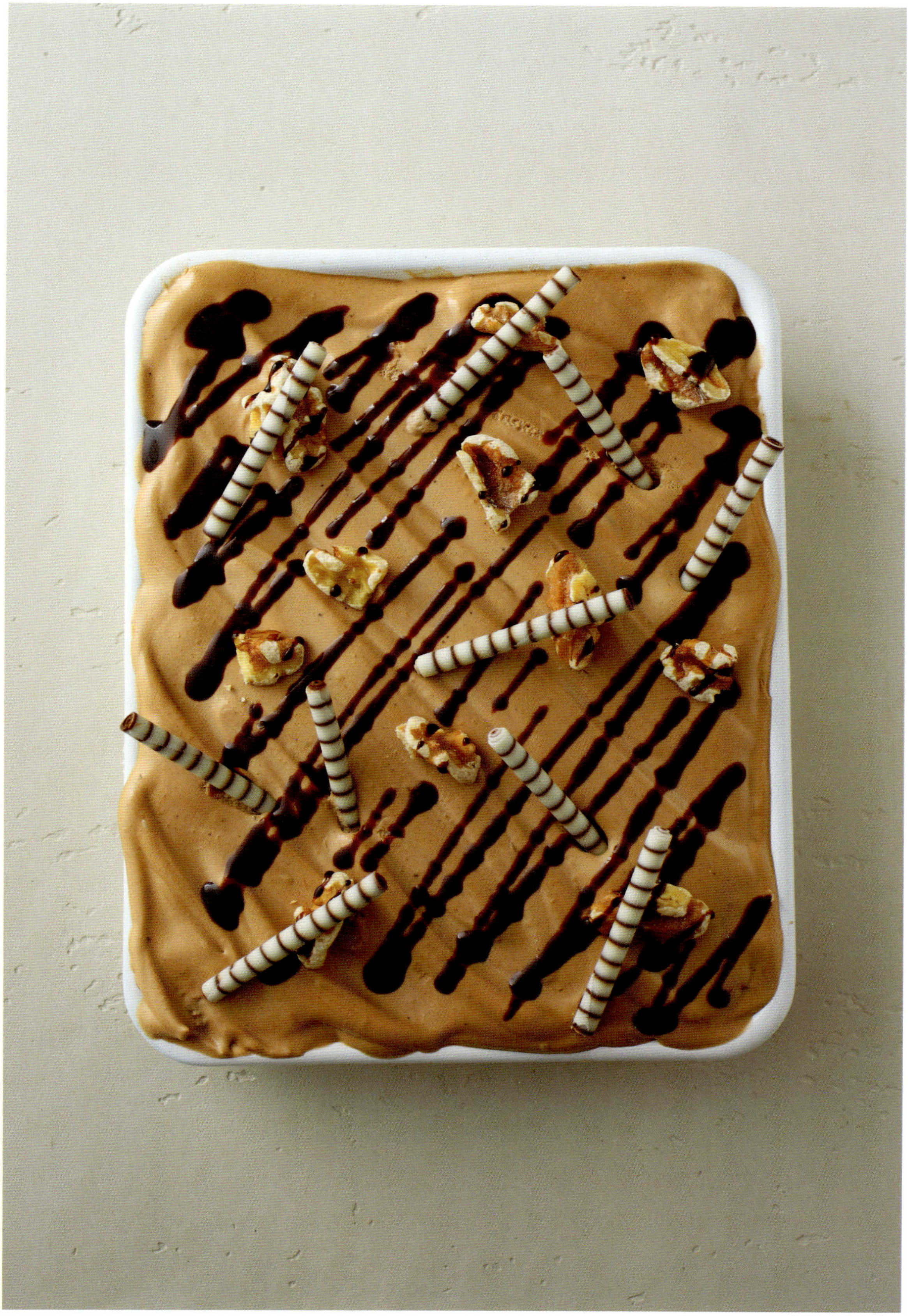

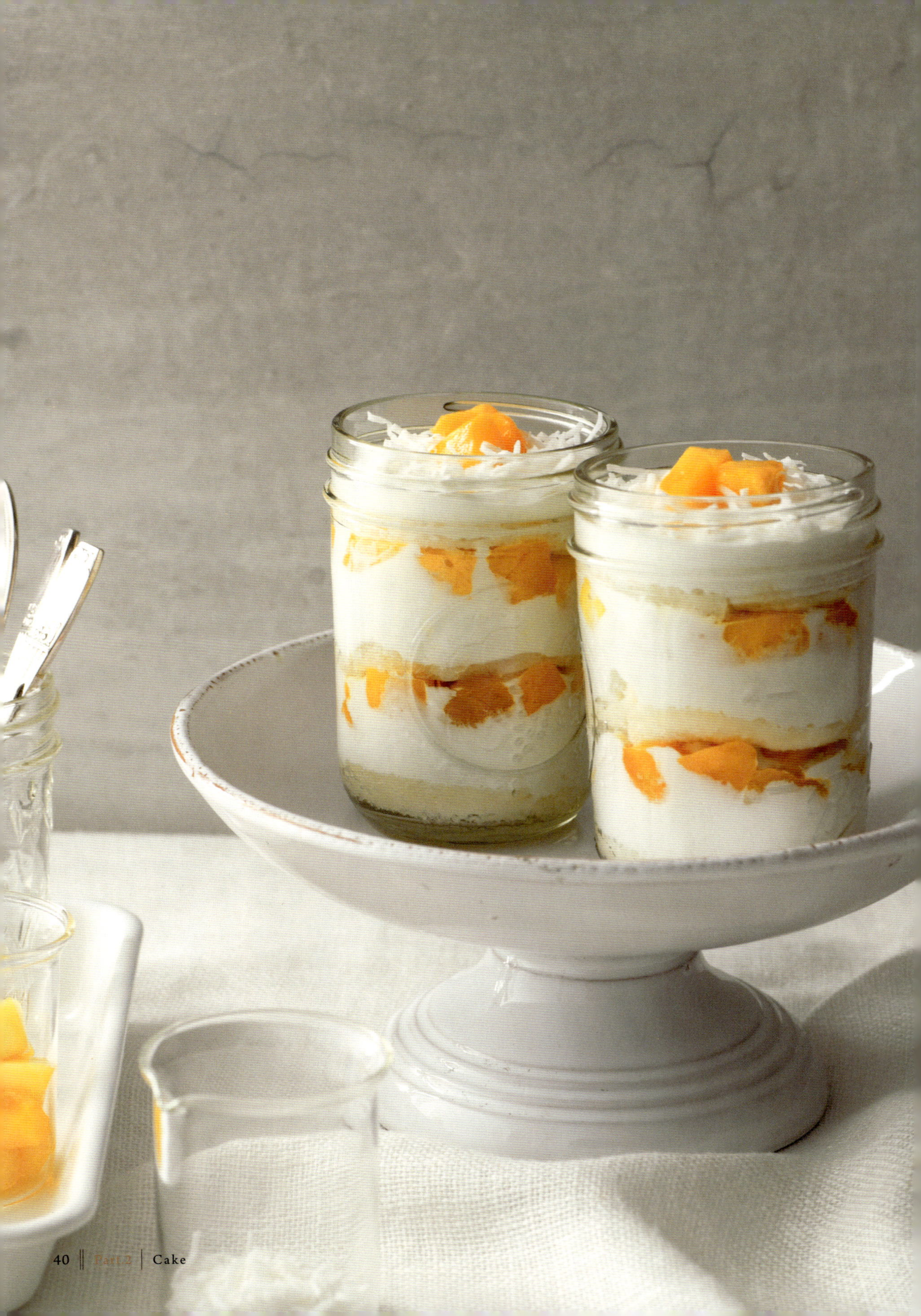

Coconut and mango cake

ココナッツとマンゴーのケーキ

ココナッツ風味のミルキーなクリームとマンゴーで作るトロピカルなケーキ。
食パンはライチリキュールで下ごしらえ。

材料（内容量250mlの保存瓶4個分）

マンゴー …… 200g
食パン（サンドイッチ用）…… 5〜6枚

《シロップ》
A [水 …… 大さじ4
  グラニュー糖 …… 大さじ2]
好みのリキュール
　（ライチリキュールなど）
　…… 小さじ2

《ココナッツクリーム》
生クリーム …… 200ml
グラニュー糖 …… 大さじ1・1/2
ココナッツミルク …… 70ml

《仕上げ》
ココナッツロング（好みで）…… 適量

Recipe Memo
食パンは保存瓶の口や、同サイズの丸い型でくり抜くときれいな断面になります。

1. マンゴーはペーパーで水気を拭き取って1cm角に切り、飾り用に適量を取り置く。

2. シロップを作る。耐熱容器にAを入れてふんわりラップをし、電子レンジで1分40秒ほど加熱する。粗熱がとれたら好みのリキュールを加えて混ぜる。

3. 食パンは保存瓶に合わせて切り、1枚を保存瓶に敷き詰めて**2**を塗る。

4. ココナッツクリームを作る。ボウルに生クリーム、グラニュー糖を入れ、ボウルの底を氷水に当てながら泡立て、六分立てにする。ココナッツミルクを加えてさらに混ぜ、七分立てにする。

5. **3**に**4**のクリームの適量を入れ、サンド用のマンゴーを散らす。食パンを1枚入れて軽く押さえ、**2**→クリーム→マンゴー→食パン1枚→**2**→クリームの順に重ねる。同様にあと3個作る。

6. 飾り用のマンゴーをのせ、好みでココナッツロングを散らし、冷蔵庫で1〜2時間冷やしてなじませる。

Part.2 | Cake

Mont blanc cake

モンブランケーキ

秋の定番スイーツとして大人気のモンブランも焼かずに調理。
栗のうまみたっぷりな濃厚クリームはほどよい甘さ。

材料（21×16.5×3cmのバット1枚分）

栗の渋皮煮（市販）…… 6個
食パン（サンドイッチ用）…… 5〜6枚

《シロップ》
A ┌ 水 …… 大さじ4
　└ グラニュー糖 …… 大さじ2
好みのリキュール（ラム酒など）
　…… 小さじ2

《ホイップクリーム》
生クリーム …… 150mℓ
グラニュー糖 …… 小さじ2

《モンブランクリーム》
マロンペースト（市販）…… 150g
生クリーム …… 50mℓ

《仕上げ》
粉砂糖（好みで）…… 適量

1 栗の渋皮煮は、飾り用に4つ割りにしたものを9切れ取り置き、残りはサンド用に粗く刻む。

2 シロップを作る。耐熱容器にAを入れてふんわりラップをし、電子レンジで1分40秒ほど加熱する。粗熱がとれたら好みのリキュールを加えて混ぜる。

3 食パンはバットに合わせて切り、半量をバットに敷き詰めて**2**の半量を塗る。

4 ホイップクリームを作る。ボウルに生クリーム、グラニュー糖を入れ、ボウルの底を氷水に当てながら泡立て、七分立てにする。

5 **3**に**4**のクリームの1/3量をのせて広げ、サンド用の栗の渋皮煮を散らし、再びクリームをひとすくいのせて広げる。残りの食パンを敷き詰めて軽く押さえ、同様に残りの**2**を塗り、クリームをのせて平らにならす。

6 モンブランクリームを作る。別のボウルにマロンペーストを入れてやわらかく練り、生クリームを少しずつ加えてゴムベラで混ぜる。なめらかになったら厚手のビニール袋に入れて袋の角をハサミで切り、**5**にホイップクリームが見えなくなるように線状にしぼり出す（**a**）。

7 飾り用の栗の渋皮煮をのせ、冷蔵庫で1〜2時間冷やしてなじませる。好みで粉砂糖をふる。

a

44 | Part.2 | Cake

Chocolate and dark cherry cake

チョコレートと
ダークチェリーのケーキ

ダークチェリーの酸味とチョコクリームの甘味が絶妙にマッチしたケーキ。
さくらんぼのリキュール、キルシュでさわやかに。

材料（21×16.5×3cmのバット1枚分）

ダークチェリー（缶詰）…… 1缶（約20粒）
食パン（サンドイッチ用）…… 5〜6枚

《シロップ》
A[水 …… 大さじ4
　 グラニュー糖 …… 大さじ2]
好みのリキュール（キルシュなど）
　…… 小さじ2

《チョコホイップクリーム》
板チョコ（ミルク）…… 60g
生クリーム（乳脂肪分40％以上のもの）
　…… 200㎖

《仕上げ》
チョココポー（市販、好みで）…… 適量

Recipe Memo

チョココポーは製菓材料店などで購入できます。手作りする場合は、ブロック状のチョコレートを温かい場所で爪が入るくらいまで温め、手の温度で溶けないように注意しながらオーブンシートで包むように持って小さめのスプーンで削ります。

1 ダークチェリーはペーパーで水気をしっかり拭き取り、12個を飾り用に取り置き、残りはサンド用に半分に切る。

2 シロップを作る。耐熱容器にAを入れてふんわりラップをし、電子レンジで1分40秒ほど加熱する。粗熱がとれたら好みのリキュールを加えて混ぜる。

3 食パンはバットに合わせて切り、半量をバットに敷き詰めて**2**の半量を塗る。

4 チョコホイップクリームを作る。ボウルに砕いた板チョコ、生クリーム大さじ2（分量内）を入れてふんわりラップをし、電子レンジで30秒加熱する。ラップをしたまま1分ほど蒸らしてから混ぜ、溶けたら残りの生クリームを少しずつ加えて泡立て器で混ぜる。クリームがゆるくなってなめらかに混ざったら、ボウルの底を氷水に当てながら泡立て、七分立てにする。

5 **3**に**4**のクリームの1/3量をのせて広げ、サンド用のダークチェリーを並べ、再びクリームをひとすくいのせて広げる。残りの食パンを敷き詰めて軽く押さえ、同様に残りの**2**を塗り、クリームをのせてスプーンの背などで表面に筋をつける。

6 好みでチョココポーを散らし、飾り用のダークチェリーをのせ、冷蔵庫で1〜2時間冷やしてなじませる。

Matcha and amanatto cake

抹茶と甘納豆の
ケーキ

生地代わりの食パンにもクリームにも抹茶を加え、
甘納豆をサンドした和スイーツ。
ほんのり上品な甘さが魅力。

材料（内容量250mlの保存瓶4個分）
食パン（サンドイッチ用）…… 5～6枚
甘納豆 …… 80g
《シロップ》
グラニュー糖 …… 大さじ2
抹茶パウダー …… 小さじ1
水 …… 大さじ4
《抹茶クリーム》
抹茶パウダー …… 小さじ1
グラニュー糖 …… 大さじ1・1/2
生クリーム …… 200ml
《仕上げ》
ホワイトチョココポー（好みで）…… 適量

1 シロップを作る。耐熱容器にグラニュー糖、抹茶パウダーを入れてよく混ぜ、分量の水を少しずつ加えて溶かす。ふんわりラップをして電子レンジで1分50秒ほど加熱し、よく混ぜて抹茶を完全に溶かしたら、そのまま冷まして粗熱をとる。

2 食パンは保存瓶に合わせて切り（P.41参照）、1枚を保存瓶に敷き詰めて**1**を塗る。

3 抹茶クリームを作る。ボウルに抹茶パウダーをふるい入れ、グラニュー糖を加えてよく混ぜる。生クリームを加え、ボウルの底を氷水に当てながら泡立て、七分立てにする。

4 **2**に**3**のクリームの適量を入れ、甘納豆を散らす。食パンを1枚入れて軽く押さえ、**1**→クリーム→甘納豆→食パン1枚→**1**→クリームの順に重ねる。同様にあと3個作る。

5 残りの甘納豆、好みでホワイトチョココポーを散らし、冷蔵庫で1～2時間冷やしてなじませる。

材料（21×16.5×3cmのバット1枚分）
メロン …… 1/4個
食パン（サンドイッチ用）…… 5〜6枚
《シロップ》
A ┌ 水 …… 大さじ4
　└ グラニュー糖 …… 大さじ2
好みのリキュール（キルシュなど）
　　…… 小さじ2
《杏仁クリーム》
杏仁パウダー（杏仁霜）…… 大さじ2
グラニュー糖 …… 大さじ1・1/2
生クリーム …… 200mℓ

1 メロンは丸くくり抜く（ここでは大6個と小22個、**a**）。

a

2 シロップを作る。耐熱容器にAを入れてふんわりラップをし、電子レンジで1分40秒ほど加熱する。粗熱がとれたら好みのリキュールを加えて混ぜる。

3 食パンはバットに合わせて切り、半量をバットに敷き詰めて**2**の半量を塗る。

4 杏仁クリームを作る。ボウルに杏仁パウダー、グラニュー糖を入れて泡立て器で混ぜる。生クリームを加え、ボウルの底を氷水に当てながら泡立て、七分立てにする。

5 **3**に**4**のクリームの1/3量をのせて広げ、残りの食パンを敷き詰めて軽く押さえる。同様に残りの**2**を塗り、クリームの1/3量をのせて平らにならし、丸口金をつけたしぼり袋に残りのクリームを入れて丸くしぼり出す。

6 **1**をのせ、冷蔵庫で1〜2時間冷やしてなじませる。

Melon of almond cream cake

メロンの
杏仁クリーム
ケーキ

ころんとしたメロンがかわいらしいケーキ。
クリームは杏仁風味で後味もさっぱり。
ちょっぴり贅沢感が味わえる一品。

Cake | Part.2 | 47

ティラミス

濃厚でまろやかなマスカルポーネクリームと
コーヒー風味のほろ苦い生地がおいしい極上スイーツ。

Tiramisu

材料（21×16.5×3cmのバット1枚分）

フィンガービスケット
　……24〜26個

《シロップ》

A ┌ 水 …… 80㎖
　├ グラニュー糖 …… 大さじ1・1/2
　└ 顆粒インスタントコーヒー
　　　…… 小さじ2

好みのリキュール（カルーアなど）
　…… 小さじ2

《マスカルポーネクリーム》

卵黄 …… 2個
グラニュー糖 …… 大さじ4
マスカルポーネチーズ …… 250g
白ワイン …… 大さじ1
生クリーム …… 100㎖

《仕上げ》

ココアパウダー …… 適量

Recipe Memo

ココアパウダーは時間がたつと水気を吸ってしまうので、食べる直前にふるのがよいでしょう。

---

1 シロップを作る

耐熱容器にAを入れて混ぜ、ふんわりラップをして電子レンジで1分40秒ほど加熱する。粗熱がとれたら好みのリキュールを加えて混ぜる。

2 生地を敷き詰める

フィンガービスケットは必要に応じてバットに合わせて切り、半量をバットに敷き詰めて**1**の半量をかける。

3 クリームを作る

ボウルに卵黄を入れてほぐし、グラニュー糖を加えて白くもったりするまで泡立てる。マスカルポーネチーズ、白ワインの順に加えて混ぜる。

4 クリームを合わせる

別のボウルに生クリームを入れ、ボウルの底を氷水に当てながら泡立て、八分立てにし、**3**に2回に分けて加えて混ぜる。

5 材料を重ねて詰める

2に**4**のクリームの1/3量をのせて広げ、残りのフィンガービスケットを敷き詰めて軽く押さえ、同様に残りの**1**をかけ、クリームの1/3量をのせて表面を平らにならす。

6 仕上げる

丸口金をつけたしぼり袋に残りのクリームを入れて丸くしぼり出し、冷蔵庫で1〜2時間冷やしてなじませる。食べる直前にココアパウダーをふる。

50 | Part.2 | Cake

Grape cake

ブドウのケーキ

ブドウとホイップクリームを重ねたシンプルなケーキ。
土台となるビスケットは、オレンジの香り漂うコアントローをしみ込ませて。

材料（21×16.5×3cmのバット1枚分）

ブドウ（皮ごと食べられるもの）
　……約20粒
フィンガービスケット ……24〜26個
《シロップ》
A ┌ 水 …… 大さじ4
　└ グラニュー糖 …… 大さじ1・1/2
好みのリキュール（コアントローなど）
　……小さじ2
《ホイップクリーム》
生クリーム ……200mℓ
グラニュー糖 …… 大さじ1
《仕上げ》
セルフィーユ（好みで）……適量

Recipe Memo

コアントローとはオレンジ風味のリキュール。同じオレンジリキュールのグランマニエより、コアントローの方が優しい香りなので生のケーキには万能に使えておすすめです。

1　ブドウは半分に切り、飾り用に12切れ取り置く。

2　シロップを作る。耐熱容器にAを入れてふんわりラップをし、電子レンジで1分40秒ほど加熱する。粗熱がとれたら好みのリキュールを加えて混ぜる。

3　フィンガービスケットは必要に応じてバットに合わせて切り、半量をバットに敷き詰め、2の半量を塗る。

4　ホイップクリームを作る。ボウルに生クリーム、グラニュー糖を入れ、ボウルの底を氷水に当てながら泡立て、七分立てにする。

5　3に4のクリームの1/3量をのせて広げ、サンド用のブドウを散らし、再びクリームをひとすくいのせて広げる。残りのフィンガービスケットを敷き詰めて軽く押さえ、同様に残りの2をかけ、クリームをのせてスプーンの背などで表面にツノを立たせる。

6　飾り用のブドウをのせ、冷蔵庫で1〜2時間冷やしてなじませる。好みでセルフィーユを飾る。

52 | Part.2 | Cake

Cheese cream cake of kiwi and pine

キウイとパインの
チーズクリームケーキ

チーズ風味のなめらかなクリームにキウイとパイナップルをたっぷりのせて。
オレンジ風味のビスケットで軽やかな味わいに。

材料（内容量250㎖の保存瓶4個分）
キウイフルーツ …… 1個
パイナップル（缶詰、スライス）…… 2枚
フィンガービスケット …… 8個
《シロップ》
A ┌ 水 …… 大さじ4
　└ グラニュー糖 …… 大さじ1・1/2
好みのリキュール（コアントローなど）
　…… 小さじ2
《チーズクリーム》
クリームチーズ …… 100g
グラニュー糖 …… 大さじ2
生クリーム …… 200㎖
レモンのしぼり汁 …… 小さじ1

Recipe Memo
使うリキュールはコアントローの他に、
パインやライチなどもおすすめです。

1 キウイフルーツは皮をむき、7㎜厚さのいちょう切りにする。パイナップルはペーパーで水気を拭き取り、1枚を8等分に切る。それぞれ飾り用に4切れずつ取り置く。

2 シロップを作る。耐熱容器にAを入れてふんわりラップをし、電子レンジで1分40秒ほど加熱する。粗熱がとれたら好みのリキュールを加えて混ぜる。

3 フィンガービスケットは保存瓶に合わせて切り、保存瓶に敷き詰めて**2**を塗る。

4 チーズクリームを作る。ボウルにクリームチーズを入れてやわらかく練り、グラニュー糖を加えて泡立て器ですり混ぜる。生クリームを加えて泡立て、ふんわりしてきたらレモンのしぼり汁を加えて混ぜ、七分立てにする。

5 **3**に**4**のクリームの適量を入れ、**1**のフルーツを並べ、クリームをのせる。再びフィンガービスケットを敷き詰めて軽く押さえ、**2**→クリームを重ねる。同様にあと3個作り、飾り用のフルーツをのせ、冷蔵庫で1～2時間冷やしてなじませる。

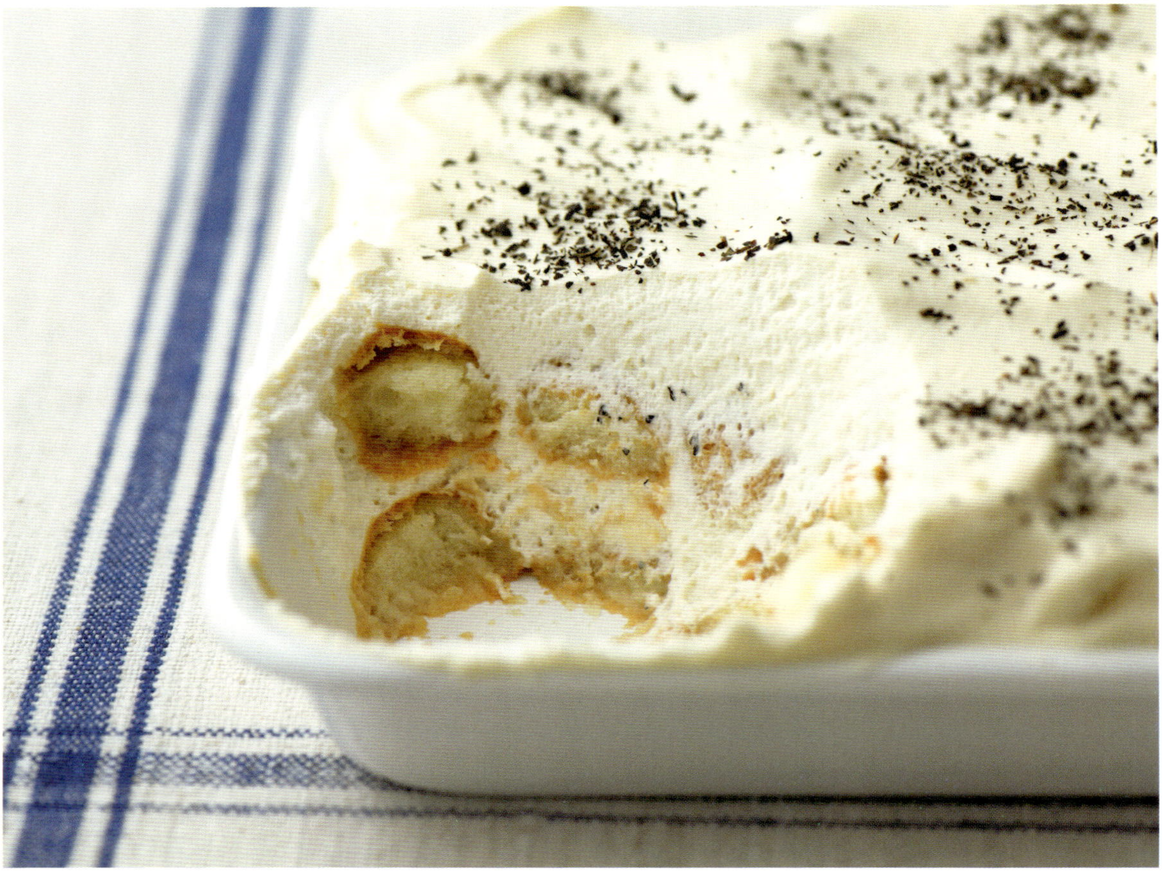

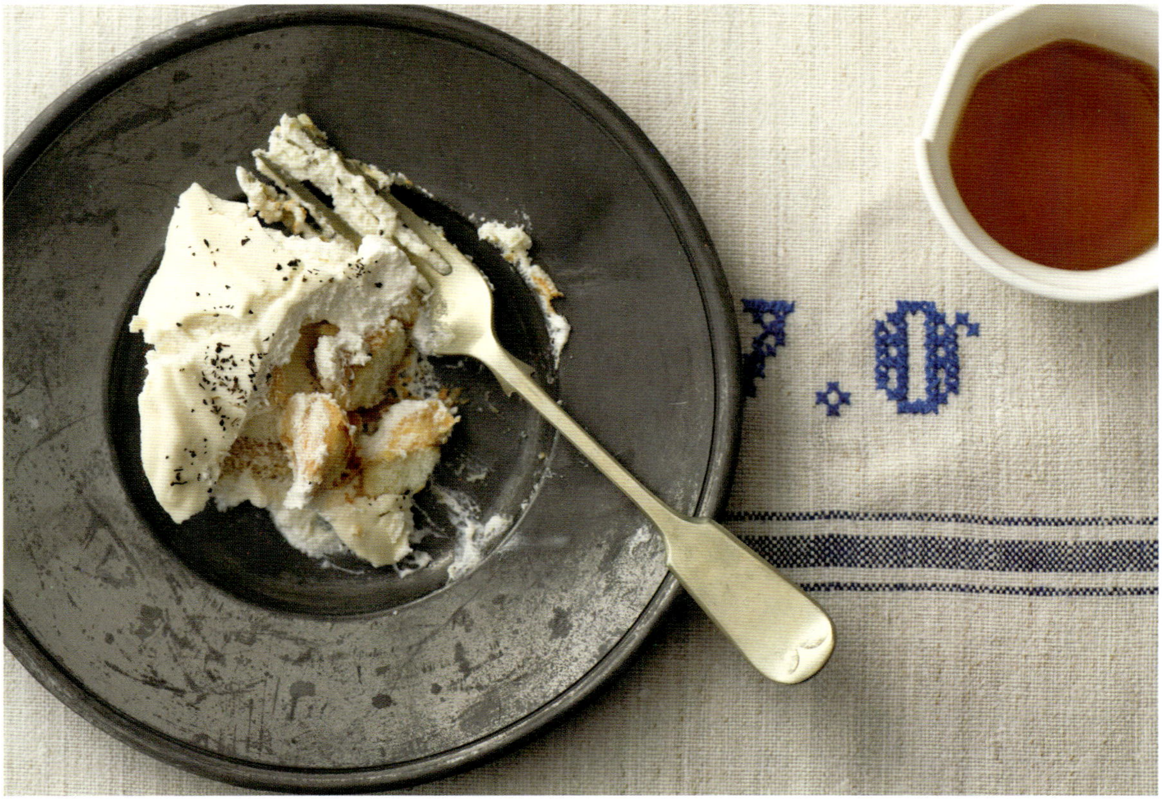

Tea cream cake

紅茶クリームケーキ

紅茶風味で優しい味わいのクリームに、トッピングした茶葉の香ばしさがおいしいケーキ。
午後のひとときにもぴったり。

材料（21×16.5×3cmのバット1枚分）
フィンガービスケット ……24〜26個
《シロップ》
A ┌ 水 …… 大さじ4
　└ グラニュー糖 …… 大さじ1・1/2
好みのリキュール（コアントローなど）
　…… 小さじ2
《紅茶クリーム》
水 …… 50mℓ
紅茶の茶葉
（ティーバッグ、アールグレイなど）
　…… 1個
生クリーム …… 200mℓ
グラニュー糖 …… 大さじ1・1/2
《仕上げ》
紅茶の茶葉
（ティーバッグ、アールグレイなど）
　…… 適量

Recipe Memo
紅茶の茶葉がティーバッグでない場合は、すり鉢で細かくしてから使いましょう。

1 シロップを作る。耐熱容器にAを入れてふんわりラップをし、電子レンジで1分40秒ほど加熱する。粗熱がとれたら好みのリキュールを加えて混ぜる。

2 フィンガービスケットは必要に応じてバットに合わせて切り、半量をバットに敷き詰めて**1**の半量を塗る。

3 紅茶クリームを作る。耐熱容器に分量の水、茶葉をティーバッグごと入れ、電子レンジで1分ほど加熱して濃いめの紅茶液を作り、粗熱をとる。

4 ボウルに生クリーム、グラニュー糖を入れて泡立て、六分立てにしたら、**3**を加えてさらに混ぜ、七分立てにする。

5 **2**に**4**のクリームの半量をのせて広げ、残りのフィンガービスケットを敷き詰めて軽く押さえる。同様に残りの**1**を塗り、クリームをのせてスプーンの背などで表面に筋をつけ、冷蔵庫で1〜2時間冷やしてなじませる。

6 仕上げ用の茶葉をティーバッグから出し（**a**）、**5**に散らす。

a

さつまいもと黒ごまのケーキ

カステラを使った焼かないケーキ。
甘めに煮つけたさつまいもと、
ごまの風味香るクリームで素朴な味わいに。

Sweet potato and black sesame cake

材料（内容量250mlの保存瓶4個分）

さつまいも …… 1/2本（70g）

A ┌ 水 …… 大さじ1
  │ 砂糖 …… 大さじ1
  └ みりん …… 大さじ1/2

カステラ …… 6切れ

《シロップ》

B ┌ 水 …… 大さじ4
  └ グラニュー糖 …… 大さじ1・1/2

好みのリキュール（ラム酒など）
　…… 小さじ2

《黒ごまクリーム》

黒ごまペースト …… 小さじ4
生クリーム …… 200ml
グラニュー糖 …… 大さじ2

Recipe Memo

カステラは丸くくり抜いても、角切りでもOK。好みで切り分けてください。

1 さつまいもを切る

さつまいもは皮をよく洗い、皮つきのまま1cm角に切り、水にさらして水気を切る。

2 さつまいもを煮る

耐熱容器にAを入れて混ぜ、1を浸してふんわりラップをし、電子レンジで3分ほど加熱する。ラップをしたまま蒸らし、粗熱をとる。

3 シロップを作る

耐熱容器にBを入れてふんわりラップをし、電子レンジで1分40秒ほど加熱する。粗熱がとれたら好みのリキュールを加えて混ぜる。

4 カステラを敷き詰める

カステラは保存瓶に合わせて切り、1枚を保存瓶に敷き詰めて3を塗る。

5 クリームを作る

ボウルに黒ごまペーストを入れてやわらかく練り、生クリーム、グラニュー糖を加え、ボウルの底を氷水に当てながら泡立て、七分立てにする。

6 材料を重ねて詰める

4に5のクリームの適量を入れ、再びカステラを1枚入れて軽く押さえ、3→クリーム→さつまいも→カステラ→3→クリームの順に重ねる。同様にあと3個作り、残りのさつまいもをのせ、冷蔵庫で1〜2時間冷やしてなじませる。

Tofu cream cake of black honey and flour

黒みつときなこの豆腐クリームケーキ

低カロリーでヘルシーな豆腐クリームを使い、
カステラと黒みつ、きなこを組み合わせた
和テイストのケーキ。

材料（内容量250mlの保存瓶4個分）
カステラ …… 6切れ
《シロップ》
水 …… 大さじ3
黒みつ …… 大さじ1
《きなこ豆腐クリーム》
木綿豆腐 …… 2丁（600g）
グラニュー糖 …… 90g
きなこ …… 大さじ3
《仕上げ》
黒みつ …… 適量
きなこ …… 適量

1 分量の水と黒みつを混ぜ合わせ、シロップを作る。

2 カステラは保存瓶に合わせて切り、1枚を保存瓶に敷き詰めて**1**を塗る。

3 きなこ豆腐クリームを作る。木綿豆腐はペーパーを2枚重ねて包み、電子レンジで5分ほど加熱し、重さが450g程度になるまで水切りする。ミキサーに水切りした豆腐、グラニュー糖、きなこを入れ、なめらかになるまで撹拌する。

4 **2**に**3**のクリームの適量を入れ、再びカステラを1枚入れて軽く押さえ、**1**→クリーム→カステラ→**1**→クリームの順に重ねる。同様にあと3個作り、冷蔵庫で1～2時間冷やしてなじませる。

5 黒みつをかけ、きなこをふる。

Recipe Memo

豆腐は電子レンジで加熱した後、取り出してまだ重いようならペーパーに包んだまましばらく置くと、自然と水が切れます。

Part.3
ひんやりスイーツ

チーズケーキやプリン、ムースなど、ひんやり冷たいスイーツ。
タルトなどのクリームと同じ要領で
作って冷やすだけなので簡単です。

オレンジの
レアチーズケーキ

オレンジの果汁を加えてさわやかな香りと
なめらかな食感に仕上げたレアチーズケーキ。
オレンジの果実もトッピングして、さらにフレッシュに。

Orange rare cheese cake

材料（21×16.5×3cmのバット1枚分）
オレンジ …… 1個
クリームチーズ …… 200g
グラニュー糖 …… 大さじ3
生クリーム …… 200ml
好みのリキュール（コアントローなど）
　…… 大さじ1
粉ゼラチン …… 5g
水 …… 大さじ2
セルフィーユ（好みで）…… 適量

下準備
＊粉ゼラチンは分量の水にふり入れ、ふやかしておく。

Recipe Memo
リキュールを入れることで風味がよくなります。お酒が苦手な人や子ども向けにはリキュールの代わりにオレンジのしぼり汁大さじ1を加えるとよいでしょう。

1 オレンジを取り分ける
オレンジは房からはずし、ペーパーで水気を拭き取る。残った薄皮をしぼり、しぼり汁を大さじ1杯分取り分ける。

2 チーズを練る
ボウルにクリームチーズを入れてやわらかく練り、グラニュー糖を加えて泡立て器で混ぜる。

3 生クリームを加える
2に生クリーム、1のしぼり汁、好みのリキュールを加えて混ぜ、最後はゴムベラで混ぜる。

4 ゼラチンを合わせる
ふやかしておいたゼラチンにふんわりラップをし、電子レンジで10秒ほど加熱して溶かし、3に加えてダマにならないように手早く混ぜる。

5 バットに流し入れる
バットに4を流し入れて平らにならし、1のオレンジを飾り、冷蔵庫で1〜2時間冷やし固める。

6 仕上げる
好みでセルフィーユをのせる。

Raspberry cottage cheese cake

ラズベリーの
カッテージ
チーズケーキ

チーズのまろやかさとラズベリージャムの
甘酸っぱさがおいしいケーキ。
他のチーズに比べて低カロリーな
カッテージチーズを使って。

材料（21×16.5×3cmのバット1枚分）
カッテージチーズ（裏ごしタイプ）
　……200g
グラニュー糖……大さじ4
生クリーム……200ml
レモンのしぼり汁……大さじ1
粉ゼラチン……5g
水……大さじ2
ラズベリージャム……大さじ2

下準備
＊粉ゼラチンは分量の水にふり入れ、ふやかしておく。

1 ボウルにカッテージチーズを入れてやわらかく練り、グラニュー糖を加えて泡立て器でよく混ぜる。

2 1に生クリーム、レモンのしぼり汁を加えて泡立て器で混ぜ、最後はゴムベラで混ぜる。

3 ふやかしておいたゼラチンにふんわりラップをし、電子レンジで10秒ほど加熱して溶かし、2に加えてダマにならないように手早く混ぜる。

4 バットに3を流し入れて平らにならし、ラズベリージャムをところどころに落とす。竹串でマーブル模様になるようにととのえ（**a**）、冷蔵庫で1〜2時間冷やし固める。

a

White peach yogurt cake

材料（21×16.5×3cmのバット1枚分）
白桃（缶詰）……半割3個
水切りヨーグルト……200g
グラニュー糖……大さじ4
生クリーム……200㎖
粉ゼラチン……5g
水……大さじ2

下準備
＊粉ゼラチンは分量の水にふり入れ、ふやかしておく。

1 白桃は1.5cm角に切り、ペーパーで水気を拭き取り、1個分を飾り用に取り置く。

2 ボウルに水切りヨーグルト、グラニュー糖を入れて泡立て器でよく混ぜる。生クリームを加えて混ぜたら、さらに1の白桃を加えてゴムベラで混ぜる。

3 ふやかしておいたゼラチンにふんわりラップをし、電子レンジで10秒ほど加熱して溶かし、2に加えてダマにならないように手早く混ぜる。

4 バットに3を流し入れて平らにならし、飾り用の白桃をのせ、冷蔵庫で1～2時間冷やし固める。

白桃の
ヨーグルトケーキ

すっきりさわやかな味わいのひんやりケーキ。
水切りしたヨーグルトを使えば
チーズケーキのような濃厚な仕上りに。

Recipe Memo

水切りヨーグルトは、ボウルにひとまわり大きいザルをのせ、ペーパーを2枚重ねて広げ、プレーンヨーグルトをのせてペーパーで包み、ラップをして冷蔵庫で一晩置くと作れます。一晩置くことで水が抜けて重量が半分ほどになるので、このレシピではプレーンヨーグルト400～450g程度が必要です。

Cold Sweets | Part.3 | 63

64 | Part.3 | Cold Sweets

Chocolate mousse

チョコレートムース

口の中でとろける食感のチョコレートムースをフランボワーズソースとともに。
おもてなしにもぴったりのスイーツ。

材料（内容量250mlの保存瓶2個分）

A ┌ フランボワーズ（冷凍）…… 60g
　├ グラニュー糖 …… 30g
　└ レモンのしぼり汁 …… 小さじ1

板チョコ（ミルク）…… 50g
牛乳 …… 50ml
生クリーム（乳脂分40％以上のもの）
　…… 100ml
粉ゼラチン …… 3g
水 …… 大さじ1

下準備
＊粉ゼラチンは分量の水にふり入れ、ふやかしておく。

1 大きめの耐熱ボウルにAを入れ、ラップをせずに電子レンジで1分加熱する。いったん取り出して混ぜ、再び電子レンジで1分加熱し、粗熱をとる。

2 別の耐熱ボウルに砕いた板チョコ、牛乳を入れてふんわりラップをし、電子レンジで2分ほど加熱する。ラップをしたまま1分ほど蒸らし、ゴムベラで混ぜてチョコレートを溶かす（溶け残りがあれば、10秒ずつ様子を見ながら加熱する）。

3 別の耐熱ボウルに生クリームを入れ、ボウルの底に氷水を当てながら泡立て、七分立てにする。

4 粗熱をとった**2**に**3**を2回に分けて加え、ゴムベラで均一に混ぜる。

5 ふやかしておいたゼラチンにふんわりラップをし、電子レンジで10秒ほど加熱して溶かし、**4**に加えてダマにならないように手早く混ぜる。

6 保存瓶に**1**のソースの1/3量を入れ、**5**の半量を流し入れて平らにならす。同様にもう1個作り、冷蔵庫で1～2時間冷やし固める。

7 完全に固まったら、残りのソースを2個の保存瓶に等分にかける。

Apple bavarois

材料（内容量250mlの保存瓶2個分）

りんご …… 1個
A ┏ グラニュー糖 …… 小さじ1
　┗ レモンのしぼり汁 …… 小さじ1
牛乳 …… 50ml
グラニュー糖 …… 大さじ3
粉ゼラチン …… 5g
水 …… 大さじ2
生クリーム …… 200ml

下準備
＊粉ゼラチンは分量の水にふり入れ、ふやかしておく。

1 りんごは芯を取り除いて一口大に切り、生地用に皮をむいて150g取り置く。残りは飾り用に、皮つきのまま1.5cm角に切り、耐熱ボウルに入れてAを加え、ふんわりラップをして電子レンジで1分ほど加熱する。ラップをしたまま蒸らし、粗熱がとれたら冷蔵庫で冷やす。

2 ミキサーに1の生地用のりんご、牛乳、グラニュー糖を入れ、なめらかになるまで撹拌する。

3 ふやかしておいたゼラチンにふんわりラップをし、電子レンジで10秒ほど加熱して溶かし、生クリームとともに2に加え、ダマにならないように手早く撹拌する（混ぜすぎに注意）。

4 保存瓶2個に3を等分に流し入れて平らにならし、冷蔵庫で1～2時間冷やし固める。

5 4が完全に固まったら、1の飾り用のりんごを等分にのせる。

りんごのババロア

りんごをふんだんに使った甘さひかえめのババロアは、
暑い日にもさっぱり食べられるスイーツ。
トッピングのりんごで食感をプラスして。

ミルクティーババロア

ほんのり優しい甘さに仕上げたミルクティーババロア。
アールグレイのほのかな香りで体も心も癒されるかも。

材料（21×16.5×3cmのバット1枚分）

牛乳 …… 200mℓ
紅茶の茶葉
　（ティーバッグ、アールグレイなど）
　…… 3個
粉ゼラチン …… 5g
水 …… 大さじ2
卵黄 …… 2個
グラニュー糖 …… 大さじ4
生クリーム …… 100mℓ
A ┌ 生クリーム …… 50mℓ
　└ グラニュー糖 …… 小さじ1

下準備

＊粉ゼラチンは分量の水にふり入れ、ふやかしておく。
＊茶葉は1個を飾り用として袋から出しておく。

1 耐熱容器に牛乳、茶葉2個をティーバッグごと入れ、電子レンジで3分ほど加熱し、ティーバッグを取り出す。

2 ふやかしておいたゼラチンを1に加えて溶かし、粗熱をとる。

3 ボウルに卵黄を入れてほぐし、グラニュー糖を加えて白っぽくなるまで泡立てる。生クリームを加え、ふんわりするまで泡立て器で混ぜる。

4 3に2を少しずつ加えて泡立て器で混ぜ、最後はゴムベラで混ぜる。

5 バットに4を流し入れて平らにならし、冷蔵庫で1～2時間冷やし固める。

6 ボウルにAを入れ、ボウルの底を氷水に当てながら泡立て、八分立てにして飾り用のクリームを作る。5がしっかり固まったら、飾り用のクリームをスプーンでところどころにすくい落とし、飾り用の茶葉を散らす。

Cold Sweets | Part.3 | 67

フルーツゼリー

色とりどりのフルーツを使ったカラフルなゼリー。
サイダーを入れることで、
ゼリーが口の中で弾けるような感覚に。

Fruit jelly

材料（21×16.5×3cmのバット1枚分）
サイダー …… 200ml
グラニュー糖 …… 大さじ3
粉ゼラチン …… 5g
水 …… 大さじ2
レモンのしぼり汁 …… 大さじ1
いちご …… 6個
黄桃（缶詰） …… 判割2切れ
みかん（缶詰） …… 12個
ブルーベリー …… 12粒

下準備
＊粉ゼラチンは分量の水にふり入れ、ふやかしておく。

1 フルーツを切る

いちごはヘタを切り落とし、半分に切る。黄桃は2cm角に切る。

2 サイダーを温める

耐熱ボウルにサイダー大さじ4（分量内）、グラニュー糖を入れてふんわりラップをし、電子レンジで1分ほど加熱する。

3 ゼラチンを加える

2のグラニュー糖が溶けたら、ふやかしておいたゼラチンを加えて溶かす（溶け残りがあれば、再びラップをして電子レンジで10秒ずつ様子を見ながら加熱する）。

4 ゼリー液を作る

3に残りのサイダー、レモンのしぼり汁を加え、ボウルの底を氷水に当てながらゴムベラで静かに混ぜ、とろみをつける。

5 フルーツを加える

4に1のいちごと黄桃、みかん、ブルーベリーを加えて混ぜる。

6 冷やし固める

バットに5を流し入れて平らにならし、冷蔵庫で1～2時間冷やし固める。

コーヒーゼリー

コーヒーの深いコクとビターな味わいが決め手のコーヒーゼリー。
甘いものが苦手な方にもおすすめ。

材料（21×16.5×3cmのバット1枚分）

A
- 水 …… 300ml
- 顆粒インスタントコーヒー …… 大さじ2
- グラニュー糖 …… 大さじ2・1/2

粉ゼラチン …… 5g
水 …… 大さじ2
コンデンスミルク …… 適量

下準備

＊粉ゼラチンは分量の水にふり入れ、ふやかしておく。

1 耐熱ボウルにAを入れてふんわりラップをし、電子レンジで2分ほど加熱する。

2 インスタントコーヒーとグラニュー糖が完全に溶けたら、ふやかしておいたゼラチンを加えて溶かす（溶け残りがあれば、再びラップをして電子レンジで10秒ずつ様子を見ながら加熱する）。

3 バットに2を流し入れ、冷蔵庫で1〜2時間冷やし固める。

4 完全に固まったら食べる直前にコンデンスミルクをかける。

Black sesame pudding

材料（内容量250mlの保存瓶2個分）

黒練りごま …… 30g
A ┌ 牛乳 …… 200ml
　├ 生クリーム …… 100ml
　└ グラニュー糖 …… 大さじ2
粉ゼラチン …… 5g
水 …… 大さじ2
B ┌ 生クリーム …… 50ml
　└ グラニュー糖 …… 小さじ1
黒すりごま（好みで）…… 適量

下準備
＊粉ゼラチンは分量の水にふり入れ、ふやかしておく。

1. 黒練りごまは牛乳大さじ2（分量内）で溶いてなめらかにする。

2. 耐熱ボウルにAを入れてふんわりラップをし、電子レンジで2分ほど加熱する。

3. グラニュー糖が完全に溶けたら、1、ふやかしておいたゼラチンを加えて溶かす（溶け残りがあれば、再びラップをして電子レンジで10秒ずつ様子を見ながら加熱する）。

4. 3のボウルの底を氷水に当てながらゴムベラで静かに混ぜ、とろみをつける。

5. 保存瓶2個に4を等分に流し入れて平らにならし、冷蔵庫で1～2時間冷やし固める。

6. ボウルにBを入れ、ボウルの底を氷水に当てながら泡立て、八分立てにして飾り用のクリームを作る。5がしっかり固まったら飾り用のクリームをスプーンですくい落とし、好みで黒すりごまを散らす。

黒ごまプリン

大人気の黒ごまプリンを保存瓶でおしゃれに。
生地はゆっくり静かに混ぜてとろみをつけるのが、
おいしく作るコツ。

Recipe Memo
生地のとろみがつく前に保存瓶などに入れて冷やし固めてしまうと2層になってしまうので注意しましょう。

Mango pudding

マンゴープリン

ビタミンたっぷりのマンゴーを使った、夏の季節にぴったりのプリン。
甘すぎず、さわやかな口当たり。

材料（21×16.5×3cmのバット1枚分）
A ┌ マンゴー …… 250g
  └ 水 …… 大さじ2
B ┌ 牛乳 …… 150㎖
  │ 水 …… 20㎖
  └ グラニュー糖 …… 大さじ2
粉ゼラチン …… 5g
水 …… 大さじ2

下準備
＊粉ゼラチンは分量の水にふり入れ、ふやかしておく。

1 Aをミキサーで撹拌してピューレ状にし、飾り用に大さじ3杯分取り置く。

2 耐熱ボウルにBを入れてふんわりラップをし、電子レンジで2分ほど加熱する。

3 グラニュー糖が完全に溶けたら、ふやかしておいたゼラチンを加えて溶かす（溶け残りがあれば、再びラップをして電子レンジで10秒ずつ様子を見ながら加熱する）。

4 **1**のマンゴーピューレを2〜3回に分けて**3**に加え、ゴムベラで均一に混ぜる。

5 バットに**4**を流し入れて平らにならし、冷蔵庫で1〜2時間冷やし固める。

6 完全に固まったら、飾り用のマンゴーピューレをかける（**a**）。

a

Cold Sweets | Part 3 | 73

Kiwi fruit milk agar

材料（21×16.5×3cmのバット1枚分）

A ┌ 粉寒天 …… 4g
　└ グラニュー糖 …… 大さじ4
水 …… 100㎖
牛乳 …… 200㎖
キウイフルーツ（グリーン）…… 1/2個
キウイフルーツ（ゴールド）…… 1/2個

1 2種類のキウイフルーツはそれぞれ皮をむき、5mm厚さの輪切りにする。

2 耐熱ボウルにAを入れて泡立て器で混ぜ、分量の水を少しずつ加えて混ぜる。

3 2に牛乳を加えて混ぜ、ふんわりラップをして電子レンジで4分ほど加熱する。

4 3のボウルの底を冷水に当てながらゴムベラで混ぜ、とろみをつける。

5 バットに4を流し入れ、1のキウイを彩りよくのせ（a）、冷蔵庫で1～2時間冷やし固める。

a

キウイミルクかん

牛乳で作る真っ白の寒天はすっきりとした甘さが特徴。グリーンとゴールド、2種類のキウイで彩りを添えて。

Recipe Memo

粉寒天はゼラチンよりも凝固温度が高いので、縁が固まりだしたら手早く混ぜましょう。

Soft adzuki-bean jelly

水ようかん

鍋を使わずに作れる、つるんとした食感の水ようかん。
かわいく型抜きすれば、子どもも喜ぶ一品に。

材料（21×16.5×3cmのバット1枚分）

A ┌ 粉寒天……4g
　└ 水……200ml
こしあん……300g

下準備
＊バットにラップを敷いておく。

1 耐熱ボウルにAを入れて泡立て器で混ぜ、ふんわりラップをして電子レンジで2分ほど加熱する。

2 こしあんを加えて全体を混ぜ、再びラップをして電子レンジで1分加熱する。

3 ラップを敷いたバットに**2**を流し入れ（**a**）、粗熱がとれたら冷蔵庫で1～2時間冷やし固める。

4 好みの型で抜いて器に盛る（**b**）。

a

b

Cold Sweets | Part.3 | 75

+Recipe 2

グラスデザートにアレンジ

本書で紹介しているレシピはバットや保存瓶だけでなく、
グラスを使って1人分ずつ作ることもできます。
ここではグラスを使った3つのデザートをご紹介します。

**チョコレートと
ダークチェリーのケーキを
アレンジ**

P.44 掲載

バットで作るときと同様に材料を用意し、シロップ、チョコホイップクリームを作り、食パンはグラスに合わせて切ります。グラスに均等に重ねて入れ、ダークチェリーをのせて冷蔵庫で冷やします。

**ラズベリーの
カッテージチーズケーキを
アレンジ**

P.62 掲載

バットで作るときと同様に材料を用意し、生地を作ります。グラスに均等に流し入れたらラズベリージャムをひとすくいのせ、竹串でマーブル模様になるようにととのえて冷蔵庫で冷やし固めます。

**マンゴープリンを
アレンジ**

P.72 掲載

バットで作るときと同様に材料を用意し、プリン液を作ったらグラスに均等に流し入れ、冷蔵庫で冷やし固めます。固まったら飾り用のマンゴーピューレをかけて仕上げます。

Part.4
アイス＆シャーベット

暑い日にもぴったりなアイスクリームとシャーベット。
ビスケットやカステラなどを使ったアイスケーキは
特別な日のスイーツにもおすすめ。

バニラアイスクリーム

安定のおいしさで人気のバニラアイス。
ちょっとした工夫でとびきりおいしく、クリーミーな仕上がりに。

Vanilla ice cream

材料（21×16.5×3cmのバット1枚分）

生クリーム …… 200mℓ

卵黄 …… 2個

グラニュー糖 …… 大さじ3

水 …… 大さじ2

バニラエッセンス …… 少々

Recipe Memo

冷凍庫で1時間ほど冷やし固め、周囲が固まってきたところでいったん取り出し、スプーンなどで全体を混ぜてから再び冷凍庫で4～5時間冷やし固めると、さらにクリーミーなアイスクリームになります。

1 生クリームを泡立てる

ボウルに生クリームを入れ、ボウルの底を氷水に当てながら泡立て、八分立てにし、冷蔵庫で冷やしておく。

2 卵黄を混ぜる

耐熱ボウルに卵黄を入れてほぐし、グラニュー糖を加え、泡立て器で白っぽくなるまですり混ぜ、分量の水を加えて混ぜる。

3 加熱して混ぜる

ラップをせずに2を電子レンジで30秒ほど加熱したら、取り出してすぐに混ぜる。

4 バニラエッセンスを加える

再び電子レンジで30秒加熱し、すぐに取り出してふんわりするまで混ぜたらバニラエッセンスを加えて混ぜる。

5 生クリームを加える

4に1の生クリームを2回に分けて加え、ゴムベラでさっくり混ぜる。

6 冷やし固める

バットに5を流し入れて平らにならし、冷凍庫で4～5時間冷やし固める。

キャラメルアイスクリーム

抹茶あずきアイスクリーム

80 | Part.4 | Ice & Sherbet

Caramel and matcha red bean ice cream

キャラメル＆抹茶あずきのアイス

バニラアイスクリーム（P.78参照）をキャラメルと抹茶あずきでアレンジ。
濃厚でもしつこくない、シンプルな甘さがおいしいアイス。

キャラメルアイスクリーム

材料（21×16.5×3cmのバット1枚分）

《アイス生地》
生クリーム …… 150mℓ
卵黄 …… 2個
グラニュー糖 …… 大さじ2・1/2
水 …… 大さじ2

《キャラメルクリーム》
生クリーム …… 50mℓ
グラニュー糖 …… 60g
水 …… 小さじ1

1 キャラメルクリームを作る。耐熱ボウルに生クリームを入れてふんわりラップをし、電子レンジで30秒ほど加熱する。

2 別の大きめの耐熱ボウルにグラニュー糖、分量の水を入れ、ラップをせずに電子レンジで2分ほど加熱する。グラニュー糖が溶けて少し焦げてきたら取り出し（やけどに注意）、**1**を少しずつ加えて混ぜ、粗熱をとる。

3 アイス生地を作る。バニラアイスクリームの**1**〜**5**（P.79参照、バニラエッセンスは加えない）と同様に生地を混ぜる。

4 **3**のアイス生地に**2**のキャラメルクリームを加えて混ぜる。

5 バットに**4**を流し入れて平らにならし、冷凍庫で4〜5時間冷やし固める。

抹茶あずきアイスクリーム

材料（21×16.5×3cmのバット1枚分）

抹茶パウダー …… 大さじ1
水 …… 大さじ2
生クリーム …… 100mℓ
卵白 …… 1個分
グラニュー糖 …… 大さじ3
卵黄 …… 1個
ゆであずき …… 100g

1 ボウルに抹茶パウダーを入れ、分量の水を少しずつ加えて練り、なめらかに混ぜ合わせておく。

2 別のボウルに生クリームを入れ、ボウルの底を氷水に当てながら泡立て、八分立てにし、冷蔵庫で冷やしておく。

3 別のボウルに卵白を入れ、グラニュー糖を2回に分けて加えながら泡立て、ピンとツノが立つ程度のメレンゲにする。

4 **3**に卵黄を加え、ゴムベラで混ぜたら、**1**を少しずつ加えてその都度混ぜる。

5 **4**に**2**の生クリームを2回に分けて加え、ゴムベラでさっくり混ぜる。

6 バットに**5**を流し入れて平らにならし、ゆであずきをところどころに落としてざっと混ぜ、冷凍庫で4〜5時間冷やし固める。

Apricot and mascarpone cheese ice cream

アプリコットとマスカルポーネのアイスクリーム

マスカルポーネのマイルドな味わいが楽しめるアイス。
アプリコットがアクセントになり、一度食べたらやみつきに。

材料（21×16.5×3cmのバット1枚分）
ドライアプリコット …… 5〜6個（40g）
生クリーム …… 100ml
マスカルポーネチーズ …… 200g
グラニュー糖 …… 大さじ4

Recipe Memo
ドライアプリコットをオレンジピールやラム酒漬けのレーズンなどに代えてもおいしいです。

1　ドライアプリコットは5mm角に切る。

2　ボウルに生クリームを入れ、ボウルの底を氷水に当てながら泡立て、八分立てにし、冷蔵庫で冷やしておく。

3　別のボウルにマスカルポーネチーズを入れてやわらかく練り、グラニュー糖を加えてよく混ぜる。

4　**3**に**2**の生クリームを2回に分けて加え、ゴムベラでさっくり混ぜたら、**1**を加えて混ぜる。

5　バットに**4**を流し入れて平らにならし、冷凍庫で4〜5時間冷やし固める。

Pineapple sherbet with rosemary

材料（21×16.5×3cmのバット1枚分）
パイナップル（缶詰）……250g
缶詰のシロップ……100ml
ローズマリー……1枝

a

1. パイナップルの果実は粗みじん切りにし、缶詰のシロップと合わせる。

2. バットに**1**を流し入れて平らにならし、ローズマリーをのせ（**a**）、冷凍庫で2時間ほど冷やし固める。

3. 周囲が固まってきたら冷凍庫から取り出してローズマリーをいったん取り出し、フォークで全体を混ぜる。

4. ローズマリーを戻し入れ、さらに冷凍庫で1〜2時間冷やし固める。

5. 冷凍庫から取り出してローズマリーを取り出し、全体をかき混ぜたら再びローズマリーを戻し入れ、さらに冷凍庫で1〜2時間冷やし固める。

パインのシャーベット
ローズマリー風味

缶詰のパイナップルとシロップを使った簡単シャーベット。
ローズマリーを入れることで香りよく、さっぱりとした仕上がりに。

Mandarin orange sherbet

みかんの
シャーベット

みかんの甘酸っぱさと
シロップの甘味がおいしい、
初心者さんも安心の超簡単レシピ。
シャリシャリ感がたまらない一品。

材料（21×16.5×3cmのバット1枚分）
みかん（缶詰）…… 250g
缶詰のシロップ…… 100mℓ

1 バットにみかんの缶詰をシロップごと入れ、フォークで細かくほぐす（a）。

2 1を平らにならし、冷凍庫で2時間ほど冷やし固める。

3 周囲が固まってきたら取り出し、フォークで全体を混ぜる。

4 さらに冷凍庫で1〜2時間冷やし固めたら取り出し、再びフォークでかき混ぜ、さらに冷凍庫で1〜2時間冷やし固める。

a

Watermelon sherbet

スイカの
シャーベット

夏を代表する食材、
スイカを使ったみずみずしいシャーベット。
スイカの種に見立てた
チョコチップがポイント。

材料（21×16.5×3cmのバット1枚分）
A [グラニュー糖…… 50g
　　水…… 50mℓ]
スイカ…… 正味250g
チョコチップ…… 大さじ2

1 耐熱容器にAを入れてふんわりラップをし、電子レンジで1分30秒加熱し、粗熱をとる。

2 スイカは種を取り除いて一口大に切り、1と合わせてバットに入れ、フォークで細かくほぐす。

3 2を平らにならし、冷凍庫で2時間ほど冷やし固める。周囲が固まってきたら取り出し、フォークで全体を混ぜる。

4 さらに冷凍庫で1〜2時間冷やし固めたら取り出し、再びフォークでかき混ぜ、さらに冷凍庫で1〜2時間冷やし固める。

5 冷凍庫から取り出し、チョコチップを加えて混ぜる（a）。

a

みかんのシャーベット

スイカのシャーベット

Ice & Sherbet | Part.4 | 85

ブルーベリーヨーグルト
アイスケーキ

ヨーグルトのさっぱり感とカステラの優しい甘さがおいしいアイスケーキ。
ヨーグルトはジャムを混ぜて味と色合いをプラス。

Blueberry yogurt ice cake

材料（内容量250mlの保存瓶2個分）

カステラ（市販）……2切れ
生クリーム……100ml
プレーンヨーグルト……70g
グラニュー糖……大さじ2
ブルーベリージャム……大さじ2

Recipe Memo

ブルーベリージャムの他に、いちごやオレンジマーマレード、アプリコットなど、お好みのジャムで作ってもおいしく仕上がります。

1 カステラを切る

カステラは1cm角に切る。

2 生クリームを泡立てる

ボウルに生クリームを入れ、ボウルの底を氷水に当てながら泡立て、七分立てにし、冷蔵庫で冷やしておく。

3 ヨーグルトを混ぜる

別のボウルにプレーンヨーグルト、グラニュー糖を入れ、グラニュー糖が溶けるように泡立て器でよく混ぜる。

4 アイス生地を作る

3に2の生クリームを2回に分けて加え、ゴムベラで均一に混ぜる。ブルーベリージャムを加え、2～3回ざっくり混ぜてマーブル状にする。

5 材料を詰める

保存瓶に4の生地の1/6量を流し入れ、1のカステラの1/4量を入れる。さらに、生地の1/6量→カステラの1/4量→生地の1/6量の順に重ねる。

6 冷やし固める

同様にもう1個作り、ふたをして冷凍庫で4～5時間冷やし固める。

88 | Part.4 | Ice & Sherbet

Pumpkin ice cake

かぼちゃのアイスケーキ

ほっこり優しい甘さのかぼちゃケーキ。
なめらかなアイスとココアビスケットのサクサク感がたまらないおいしさ。

材料（21×16.5×3cmのバット1枚分）
ココアビスケット（市販）…… 30g
生クリーム …… 100ml
かぼちゃ（皮とわたを取り除いたもの）
　…… 正味100g
卵黄 …… 1個
グラニュー糖 …… 大さじ3
水 …… 大さじ1

Recipe Memo
かぼちゃをなめらかにしたい場合は、目の細かいザルで裏ごしするか、フードプロセッサーで撹拌するとよいでしょう。

1 ココアビスケットは手で一口大に砕く。

2 ボウルに生クリームを入れ、ボウルの底を氷水に当てながら泡立て、七分立てにし、冷蔵庫で冷やしておく。

3 かぼちゃは2cm角に切り、水にくぐらせる。水気がついたまま耐熱ボウルに入れてふんわりラップをし、電子レンジで3分ほど加熱し、熱いうちにつぶす。

4 別のボウルに卵黄、グラニュー糖を入れてよく混ぜ、分量の水を入れ、電子レンジで20秒加熱し、取り出してすぐに混ぜる。再び電子レンジで20秒加熱し、すぐに取り出してふんわりするまで混ぜる。

5 4に3を加えて混ぜ、なめらかになったら2の生クリームを2回に分けて加え、ゴムベラでさっくり混ぜる。

6 バットに5の半量を流し入れ、ところどころに1の半量を押し込み、残りの5を流し入れて平らにならす。

7 残りの1を押し込み、ラップをして冷凍庫で4〜5時間冷やし固める。

Chestnut and chocolate ice cake

栗とチョコレートのアイスケーキ

濃厚なチョコアイスはちょっぴり贅沢な気分に。
なめらかなアイスに刻んだ栗とビスケットの食感が楽しい！

材料（21×16.5×3cmのバット1枚分）
栗の甘露煮 …… 4個
全粒粉ビスケット（市販）…… 30g
生クリーム …… 100mℓ
板チョコ（ミルク）…… 50g
牛乳 …… 50mℓ
卵黄 …… 2個

1 栗の甘露煮は粗く刻む。全粒粉ビスケットは手で一口大に砕く。

2 ボウルに生クリームを入れ、ボウルの底を氷水に当てながら泡立て、七分立てにし、冷蔵庫で冷やしておく。

3 大きめの耐熱ボウルに砕いた板チョコ、牛乳を入れてふんわりラップをし、電子レンジで2分ほど加熱する。ラップをしたまま1分ほど蒸らし、ゴムベラで混ぜてチョコレートを溶かす（溶け残りがあれば、再び電子レンジで10秒ずつ様子を見ながら加熱する）。

4 3に卵黄を1個ずつ加えて混ぜ、さらに2の生クリームを2回に分けて加えたら、ゴムベラで均一に混ぜる。1の栗の甘露煮の半量を加えて混ぜる。

5 バットに4の半量を流し入れ、ところどころに1のビスケットを押し込み、残りの4を流し入れて平らにならす。

6 残りの栗の甘露煮を散らし、ラップをして冷凍庫で4～5時間冷やし固める。

Ice & Sherbet

+Recipe 3

重ねるだけのパフェ

Part.4で紹介したアイスクリームをパフェにアレンジ。
市販のお菓子などと一緒に重ねるだけなので簡単！
組み合わせを替えて自分好みのパフェを作ってみてください。

P.80 掲載

抹茶あずきアイスクリームで
抹茶あずきパフェ

ボウルに生クリーム50㎖、グラニュー糖小さじ1を入れ、ボウルの底を氷水に当てながら泡立て、八分立てにします。パフェグラスに小町麩5個を入れ、抹茶あずきアイスクリーム（P.80参照）をディッシャーで3個すくってのせます。クリームをしぼり出し、ゆであずき大さじ3をトッピングして完成。

P.80 掲載

キャラメルアイスクリームで
チョコレートパフェ

ボウルに生クリーム50㎖、グラニュー糖小さじ1を入れ、ボウルの底を氷水に当てながら泡立て、八分立てにします。パフェグラスにコーンフレーク大さじ3を入れ、キャラメルアイスクリーム（P.80参照）をディッシャーで3個すくってのせます。クリームをしぼり出し、ココアビスケット1個をトッピングし、チョコソース（市販）適量をかけて完成。

P.78 掲載

バニラアイスクリームで
アップルパイパフェ

パフェグラスにパイ菓子（市販）3個を入れ、バニラアイスクリーム（P.78参照）をディッシャーで2個すくってのせます。りんごのシロップ煮（下記参照）をのせ、フランボワーズソース（下記参照）をかけて完成。

《りんごのシロップ煮》
りんご1/4個を皮つきのままくし形切りで4等分にし、グラニュー糖大さじ2とともに耐熱ボウルに入れ、ラップをせずに電子レンジで2分加熱して粗熱をとります。

《フランボワーズソース》
大きめの耐熱ボウルにフランボワーズ（冷凍）30g、グラニュー糖大さじ1、レモンのしぼり汁小さじ1/2を入れ、ラップをせずに電子レンジで1分加熱して混ぜ、粗熱をとります。

P.82 掲載

アプリコットとマスカルポーネのアイスクリームで
アプリコット ティラミスパフェ

耐熱容器に水大さじ1、グラニュー糖大さじ1/2、顆粒インスタントコーヒー小さじ1を入れて電子レンジで40秒加熱し、粗熱をとってシロップを作ります。フィンガービスケット2個をパフェグラスに合わせて切り、バットなどでシロップに浸しておきます。ボウルに生クリーム50ml、グラニュー糖小さじ1を入れ、ボウルの底を氷水に当てながら泡立てて八分立てにします。シロップに浸しておいたフィンガービスケットをパフェグラスに入れ、クリームをしぼり出し、アプリコットとマスカルポーネのアイスクリーム（P.82参照）をディッシャーで3個すくってのせます。ココアパウダー適量をふり、フィンガービスケット1個をトッピングして完成。

Column

焼かないケーキの楽しみ方

焼かないケーキはパーティなどへの持ち寄りにもおすすめ。ここでは、本書で紹介しているレシピを持ち寄るときのアイデアやラッピング方法をご紹介します。

イベントに合わせたデコレーションも◎

本書のレシピは誕生日や記念日などのお祝いごとにもぴったり。カラフルなフルーツをのせたり、アラザンを散りばめたりしてデコレーション。最後にロウソクを立てたら一気にお祝い向けのケーキに。クリームの表面はフォークでまっすぐ線を引くだけなので簡単です。パーティに持ち寄る際は、バットごと入る大きなケーキ箱に入れ、隙間があればワックスペーパーなどで固定すればOK。

トッピングは別添えで食べる直前に仕上げて

持ち寄りの際はトッピング手前の状態で梱包。ただ、バットにそのままOPPフィルムなどをかぶせると表面のクリームがついてしまうため、もうひとまわり大きい容器に入れてOPPフィルムをしっかり張った状態で包みましょう。バットと容器の隙間はペーパーなどを入れると固定されます。リボンをつける場合は容器の端で結んで。トッピングのフルーツや粉類は別添えで持ち寄りましょう。

贈り物や手土産用に
切り分けてラッピング

「パインとホワイトチョコのタルト」(P.29 参照)と「レーズンバタークリームタルト」(P.30 参照)はタルト台がしっかりしているので、スティック状などに切り分けられます。袋に入れてタグなどをあしらってラッピング。ただ、常温に長い時間置いておくとクリームがやわらかくなってしまい、袋から取り出しにくくなるため、ワックスペーパーなどを一緒に入れておき、保冷剤と一緒に持って行くとよいでしょう。

持ち運び便利な
保存瓶は
ラッピングも簡単

ふたがついて持ち運び便利な保存瓶。ガラス製なら中が見えるので、保存瓶で作った状態のままでもおしゃれでかわいいですが、ふたにリボンや麻ひもなどを巻けばかわいさがさらにアップします。ちょっとした工夫で女子力の高い持ち寄りスイーツになります。

Column

著者

森崎繭香 もりさきまゆか

フードコーディネーター、お菓子・料理研究家。大手クッキングスクール講師、パティシエを経て、フレンチ、イタリアンの厨房で経験を積み、独立。現在は、企業向けのレシピ開発や雑誌・書籍へのレシピ提供など、幅広く活躍中。著書に『野菜たっぷりマリネ、ピクルス、ナムル』（河出書房新社）、『野菜ペーストで簡単おかず』『豆腐クリームの絶品レシピ』（ともに枻出版社）などがある。
http://www.mayucafe.com/

STUFF

企画	株式会社スタンダードスタジオ
編集	丸山千晶
撮影	シロクマフォート
調理アシスタント	荻生唯　国本数雅子　たのうえあおい
	中村吏恵　西村吏未　福田みなみ　松本加奈美
スタイリング	宮嵜夕霞
デザイン	今井佳代
編集D	牧野貴志
進行・管理	中川通　渡辺塁　編笠屋俊夫

●この本に関する問い合わせ先
株式会社スタンダードスタジオ　TEL：03-5825-2285

撮影協力

野田琺瑯株式会社
TEL：03-3640-5511
http://www.nodahoro.com/

UTUWA
TEL：03-6447-0070

短時間で作れる！焼かないケーキ

2015年7月25日　初版第1刷発行
2016年7月1日　初版第3刷発行
著　者　森崎繭香
発行者　穂谷竹俊
発行所　株式会社日東書院本社
　　　　〒160-0022
　　　　東京都新宿区新宿2丁目15番14号　辰巳ビル
　　　　TEL：03-5360-7522（代表）
　　　　FAX：03-5360-8951（販売部）
　　　　URL：http://www.TG-NET.co.jp
印刷・製本　共同印刷株式会社

●本書の内容に関するお問い合わせは、お手紙、FAX、メールにて承ります。
●恐縮ですが、お電話でのお問い合わせはご遠慮くださいますようお願いいたします。
●定価はカバーに記載してあります。
●本書を出版物およびインターネットで無断複製（コピー）することは、著作権法上での例外を除き、著作者、出版社の権利侵害となります。
●乱丁・落丁はお取り替えいたします。小社販売部までご連絡ください。
©Mayuka Morisaki 2015.Printed in Japan
ISBN978-4-528-02053-5　C2077